GARSONLAR İÇİN
ALMANCA

DEUTSCH
für
KELLNER

Her hakkı saklıdır.
© FONO Yayınları

EKO OFSET
Davutpaşa Cad. 2.Matbaacılar
Sitesi 2 NF 8 Topkapı - İstanbul
Tel.:(0212) 612 36 58
-2006-

ÖNSÖZ

Her yıl ülkemize gelen yabancı turist sayısındaki artış turistik işletmeler ve otellerde çalışan garsonların en az bir yabancı dili bilmelerini zorunlu hale getirmiştir. Elinizdeki bu kitapçık işte bu alandaki gereksinimi büyük ölçüde gidermeyi amaçlamaktadır. Bu kitapta temel cümle kalıpları ve konuşma yöntemleri açıklandıktan sonra karşılıklı konuşmalar bulunmaktadır. Bu cümle kalıplarını gereği gibi kullanmanız, turistik işletmelerde karşılaşacağınız birçok sorunu halletmenize yardımcı olacaktır. Almanca bilgileri içeren "Almanca Bilgisi" bölümünde birtakım konular verilmiş ve günlük hayatta kullanılan ifadelerle pekiştirilmiştir. Elinizdeki bu kitap her yönüyle size karşınızdaki kişiyle konuşma ve anlaşma bilgisine sahip edecektir.

Başarı dileklerimizle...

FONO

hazırlayan

zafer ulusoy

ALMANCA OKUNUŞ BİLGİLERİ

Bilindiği gibi Almanca sözcükler genellikle yazıldıkları gibi okunur. Ancak Almancada, Türkçede olmayan bazı sesler ve harfler de vardır.

Almancada sessiz harflerin çoğu Türkçedeki gibi okunur. B, D, F, G, K, L, M, N, P, T harfleri sözcük içinde Türkçede verdikleri sesi verirler. Buna karşılık sessiz harflerden, H, J, O, R, S, V, W, Z'nin okunuşuna dikkat etmek gerekir. Örneğin, H harfi sözcük ortasına geldiği zaman okunmaz, J harfi [y] sesi verir. Q ise [kv] okunur. S harfi sözcüklerin başında [z] sesi verir. V genellikle [f] okunur, ama Türkçede olduğu gibi [v] şeklinde telaffuz edildiği haller de vardır. Bizim alfabemizde bulunmayan W harfi [v] sesi verir. Kitapta sözcüklerin veya cümlelerin okunuşları [ ] şeklindeki köşeli parantezler içinde verilecektir.

ß Türkçede olmayan bu harf yerine iki tane ss harfi (ss) kullanmak mümkündür. ß sözcüklerin için de [s] şeklinde okunur, tek başına olduğu zaman ise okunuşu [es-tset] şeklindedir.

örnekler

sözcük	okunuşu
groß (gross)	[gro:s]
schließen(schliessen)	[şli:sın]
Fluß (Fluss)	[flus]

R Çoğu zaman Türkçedeki "r" harfi gibi okunur. Yalnız sözcüklerin sonuna geldiği hallerde çok hafif ve belirsiz okunur.

Kitapta sözcük sonuna gelen ve hafif okunan R harfleri okunuşlarda siyah olarak gösterilmiştir [r]. Bu harfin siyah yazılması onun vurgulu ve üstüne basa basa okunacağı şeklinde anlaşılmamalı, r bu hallerde vurgusuz ve hafif telaffuz edilmelidir.

örnekler

sözcük	okunuşu
Lehrer	[le:rır]
Fenster	[fenstır]
Schüler	[şü:lır]

Z Bu harf [ts] sesi verir. Bu [ts] harfleri ardarda araya başka bir harf sokmadan söylenir.[ts]'nin okunuşu Türkçede "bitsin, gitsin, atsın, ..." derken kullanılan "ts" harflerinde olduğu gibidir.

örnekler

sözcük	okunuşu
zwei	[tsvay]
Zeitung	[tsaytung]
Zimmer	[tsimır]

Almancada sesli harfler a, e, i, o, u, ü'dür. A harfinin üzerine iki nokta koyarak elde edilen ä ve y de sesli harflere dahil edilir. Bunlardan , A, E ve Y hariç hepsi Türkçedeki gibi okunur.

E Okunuşuna çok dikkat etmek gerekir. Genellikle sözcük sonundaki hecelerde bulunan E harfleri kapalı olarak, ağzı fazla yaymadan "ı" sesine yaklaşık bir biçimde söylenir. Kitaplarda okunuşlarda böyle kapalı okunan E harfleri siyah [ı] ile gösterilmiştir. Siyah [ı] siyah [r] de olduğu gibi çok hafif ve vurgusuz okunmalıdır.

örnekler

sözcük	okunuşu
sagen	[za:gın]
Gabel	[ga:bıl]
Blume	[blu:mı]

E, bazı hallerde ince, ağzı fazla yayarak okunur. E'-nin bu hallerdeki telaffuzu Türkçedeki "teğmen, değnek, eğmek, .." gibi sözcüklerin ilk hecelerindeki E'lerin kitapta siyah bir **e** harfi ile gösterilmiştir:[e]

örnekler

sözcük	okunuşu
lesen	[le:zın]
sehen	[ze:ın]
Lehrer	[le:rır]

E, bazen de aynen Türkçedeki gibi okunur.

örnekler

sözcük	okunuşu
Welt	[velt]
Held	[helt]

Ä Türkçede olmayan bu harf Türkçedeki E gibi geniş ve açık bir şekilde okunur.

örnekler

sözcük	okunuşu
Gärten	[gertın]
Männer	[menır]

Bir sesli harf sayılan Y ise [ü] okunur.

Okunuşlarda [:] işareti

Okunuşlarda kullandığımız bu iki nokta, yanında bulunduğu sesli harfin biraz uzunca okunacağını gösterir. Örneğin **Glas** [glaːs], **Sohn** [zoːn], **Tür** [tüːr] sözcüklerinin okunuşlarında görülen iki nokta, a, o, u ve ü seslerinin uzunca okunacağını belirtmektedir.

Kitapta tüm örnek cümleler okunuşlarıyla birlikte verildiği için telaffuz konusunda büyük bir güçlükle karşılaşabileceğinizi sanmıyoruz. Ancak bu konuda daha ayrıntılı bilgi edinmek isteyenler **Fono Açık Öğretim Kurumu**'nun telaffuz kitapları ve kasetlerinden faydalanabilirler.

İÇİNDEKİLER

	Sayfa
ÖNSÖZ	3
ALMANCA OKUNUŞ BİLGİLERİ	5
İÇİNDEKİLER	11

A) RESTORANDA 13
   a-Müşteri karşılama 14
   b-Servis öncesi 17
   c-Sipariş alma-verme 20
   d-Hesap çıkarma 28
   e-Şikayetler 31
   f- Resimli sözcükler 34
   g-Örnek dialo 40
   h-Yiyecek ve içecek isimleri listesi 47
      h-1) Ordövrler 48
      h-2) İçecekler 49
      h-3) Çorbalar 50
      h-4) Balıklar 51
      h-5) Etliler 53
      h-6) Sebzeler 55
      h-7) Hamur işi 57
      h-8) Salatalar 58
      h-9) Tatlı ve meyveler 59
      h-10) Kahvaltılık 62
      h-11) Baharat ve diğerleri 63
   i-Yemek cinsleri ve çeşitleri 64
   j-Yemek pişirme yöntemleri 65
   k-Baharatlar 66
   l-Alfabetik yiyecek isimleri 67
   m-İçkiler 89

B) BARDA 91
  a-Müşteri karşılama 92
  b-Sipariş alma-verme 93
  c-Şikayetler 100
  d-Resimli sözcükler 102
  e-Örnek dialog 105

C) GENEL ALMANCA BİLGİSİ 109
  a-Sayılar 110
  b-Zamanların ifade edilmesi 116
    b-1) günler 117
    b-2) mevsimler 117
    b-3) aylar 118
    b-4) zamanla ilgili diğer terimler 119
    b-5) saatler 121
  c-Ülkeler, insanları, dilleri 125
  d-Paralar 130
    d-1) para 131
    d-2) para birimleri 132
D) LÜGATCE 133

A) RESTORANDA

a) Müşteri karşılama:

Hoşgeldiniz.
  Willkommen.
  [vilkomın]

Lokantamıza hoşgeldiniz.
  Willkommen Sie zu unserem Restaurant.
  [vilkomın zi: tsu unzırım restora:n]

İyi günler beyefendi.
  Guten Tag mein Herr.
  [gu:tın ta:k mayn her]

İyi günler.
  Guten Tag.
  [gu:tın ta:k]

İyi akşamlar.
  Guten Abend.
  [gu:tın a:bınt]

Masa ayırtmış mıydınız?
  Haben Sie einen Tisch vorbestellt?
  [ha:bın zi: aynın tiş fo:rbıştelt]

Rezervasyonunuz var mı??
  Haben Sie Reservation?
  [ha:bın zi: rezervasyo:n]

Hayır, ayırtmadık.
   Nein, wir haben nicht vorbestellt.
   [nayn vi:r ha:bın niht fo:rbıştelt]

Evet, telefonla ayırtmıştım.
   Ja, ich habe mit Telefon Reservation gemacht.
   [ya: ih ha:bı mit telefo:n rezervatsyo:n gemaht]

Adınız lütfen!
   Wie heißen Sie bitte!
   [vi: hayzın zi: bitı]

Adım Günter Hoffmann.
   Ich heiße Günter Hoffmann.
   [ih hayzı güntır hofman]

Bir dakika lütfen, evet masa 14.
   Moment, bitte, ja, Tisch 14.
   [momınt bitı ya: tiş vi:rtse:n]

15

Beni anlayabiliyor musunuz?
  Können Sie mich verstehen?
  [könın-zi: mih ferşte:ın]

Lütfen daha yavaş konuşur musunuz?
  Bitte, können Sie noch langsamer sprechen?
  [bıtı könın-zi: noh langza:mır şprehın]

Alman mısınız?
  Sind Sie Deutscher?
  [zind-zi: doyçır]

İtalyan mısınız?
  Sind Sie Italiener?
  [zind-zi: italye:nır]

Yabancı mısınız?
  Sind Sie Ausländer?
  [zind-zi: auslendır]

İngilizce konuşabiliyor musunuz?
Sprechen Sie Englisch?
[şprehın-zi: engliş]

Sizi anlayamıyorum.
Ich kann Sie nicht verstehen.
[ih-kan zi: niht ferşte:ın]

Maalesef boş yerimiz yok.
Leider haben wir keinen Platz.
[laydır ha:bın vi:r kaynın plats]

b) Servis öncesi :

Garson, bakar mısın!
Hallo, Herr Ober!
[halo her obır]

Buraya kim bakıyor?
Wer bedient hier?
[ve:r bıdi:nt hi:r]

Affedersiniz bu masa boş mu?
   Entschuldigen Sie, ist dieser Tisch frei?
   [entşuldıgın zi: ist di:zır tiş fray]

İyi günler, ne arzu edersiniz?
   Guten Tag, was möchten Sie?
   [gu:tın ta:k vas möhtın zi:]

Buyrun efendim.
   Ja, bitte.
   [ya: bitı]

Garson, menü lütfen!
   Herr Ober, die Speisekarte, bitte!
   [her o:bır di şpayzıkartı bitı]

Yemek listesini görmek ister miydiniz?
   Möchten Sie die Speisekarte ansehen?
   [möhtın zi: di spayzıka:rtı anze:ın]

Masanızı beğendiniz mi?
   Gefällt Ihnen der Tisch?
   [gıfelt i:nın de:r tiş]

Evet, teşekkürler.
   Ja, danke.
   [ya: dankı]

Hayır pek iyi değil.
   Nein, es gefällt uns nicht.
   [nayn es gıfelt uns niht]

Daha sakin bir yeriniz var mı?
　Haben Sie noch ruhigeren Platz?
　[ha:bın zi: noh ruhigırın plats]

Pencere kenarında yeriniz var mı?
　Haben Sie Platz neben dem Fenster?
　[ha:bın zi: plats ne:bın de:m fenstır]

Lütfen beni takip edin!
　Bitte, folgen Sie mich!
　[bitı folgın zi: mih]

Terasta yer var mı?
　Haben Sie Platz an der Terasse?
　[ha:bın zi: plats an de:r terası]

Hayır efendim, teras bugün kapalı.
　Nein, mein Herr, heute ist Terasse geschlossen.
　[nayn mayn her hoytı ist terası gışlosın]

c) Sipariş alma-verme

Garson bakar mısın?
Herr Kellner, bitte!
[her kelnır bitı]

Buyrun efendim!
Bitte, mein Herr!
[bitı mayn her]

Menüyü görebilir miyiz?
Dürfen wir die Speisekarte ansehen?
[dürfın vi:r di spayzıka:rtı anze:ın]

Ne tavsiye edersiniz?
Was empfehlen Sie uns?
[vas empfe:lın zi: uns]

Bugün herşey çok güzel efendim.
Heute ist alles sehr gut.
[hoytı ist alıs ze:r gu:t]

Ne alırdınız?
Was möchten Sie bekommen?
[vas möhtın zi: bıkomın]

Ne istersiniz?
Was möchten Sie?
[vas möhtın zi:]

Ne yemek istiyorsunuz?
Was möchten Sie essen?
[vas möhtın zi: esın]

Önce bir çorba alır mıydınız?
Möchten Sie zuerst Suppe?
[möhtın zi: tsuerst zupı]

Ne çorbası alırdınız?
Welche Suppe möchten Sie?
[velhı zupı möhtın zi:]

Bir tabak bezelye çorbası istiyorum.
Ich möchte einen Teller Erbsensuppe.
[ih möhtı aynın telır e:rbzınzupı]

Bana önce bir şehriye çorbası getirin!
Bringen Sie mir zuerst eine Nudelsuppe!
[bringın zi: mi:r tsuerst aynı nu:dılzupı]

Önce soğuk bir şey istiyorum.
Als erstes möchte ich etwas kaltes.
[als erstıs möhtı ih etvas kaltıs]

İkinci yemek olarak ne alırsınız?
    Was möchten Sie als zweite Speise?
    [vas möhtın zi: als tsvaytı şpayzı]

Et yemeklerinden ne var?
    Was für Fleischgerichte haben Sie?
    [vas fü:r flayşgırihtı ha:bın zi:]

Ben bir porsiyon peynir ve spagetti istiyorum.
    Ich möchte ein Portion Käse und Spaghetti.
    [ih möhtı ayn porsyo:n ke:zı unt spagetı]

Önce ordövr ister misiniz?
    Möchten Sie zuerst eine Vorspeise?
    [möhtın zi: tsuerst aynı fo:rşpayzı]

Hayır, mercimek çorbası var mı?
    Nein, haben Sie Linsensuppe?
    [nayn ha:bın zi: linzınzupı]

Evet, efendim.
    Ja, mein Herr.
    [ya: mayn her]

Öyleyse 2 mercimek çorbası.
    Also 2-mal Linsensuppe.
    [alzo tsvayma:l linzınzupı]

Başka ne arzu edersiniz?
    Was möchten Sie sonst noch?
    [vas möhtın zi: zonst noh]

Koyun kızartması var mı?
  Haben Sie Hammelbraten?
  [ha:bın zi: hamılbra:tın]

Maalesef hayır.
  Leider nein.
  [laydır nayn]

Ne tavsiye ederdiniz?
  Was können Sie uns empfehlen?
  [vas könın zi: uns empfe:lın]

Çeşitli et ve tavuk cinsi yemeklerimiz var.
  Wir haben verschiedene Fleisch- und Hühnchengerichte.
  [vi:r ha:bın ferşi:dını flayş unt hü:nhın gırihtı]

Bana dana pirzolası ile patates kızartması getirin!
  Bringen Sie mir Kalbskotelett mit Pommesfrittes.
  [bringın zi: mi:r kalpskotlet mit pomfri:t]

Etinizi nasıl istersiniz?
  Wie wünschen Sie Ihr Fleisch?
  [vi: vünşın zi: i:r flayş]

Orta pişmiş olsun.
  Ich wünsche mittel geröstet.
  [ih vünşı mitıl gıröstıt]

Az pişmiş olsun.
  Ich möchte wenig geröstet.
  [ih möhtı ve:nih gıröstıt]

Çok pişmiş olsun.
   Ich möchte stark geröstet.
   [ih möhtıştark gıröstıt]

Salata alır mıydınız?
   Möchten Sie Salat?
   [möhtın zi: zala:t]

Ne çeşit salatalarınız var?
   Was für Salat haben Sie?
   [vas fü:r zala:t ha:bın zi:]

Havuçlu yeşil salata var.
   Es gibt grünen Salat mit Karotten.
   [es gipt grü:nın zala:t mit karotın]

Domatesli yeşil salata var.
   Es gibt grünen Salat mit Tomaten.
   [es gipt grü:nın zala:t mit toma:tın]

Hıyar salatası var.
   Es gibt Gurkensalat.
   [es gipt gurkınzala:t]

Çok nefis patates salatamız var.
Wir haben sehr schönen Kartoffelsalat.
[vi:r ha:bın ze:r şö:nın kartofılzala:t]

Ben yeşil salata istiyorum.
Ich möchte grünen Salat.
[ih möhtı grü:nın zala:t]

Salatada hangi sosu seversiniz?
Welche Sauce lieben Sie auf dem Salat?
[velhı zo:sı li:bın zi: auf de:m zala:t]

Fransız sosunuz* var mı?
Haben Sie französische Sauce?
[ha:bın zi: frantsö:zişı zo:sı]

Fransız sosu da var, İtalyan sosu** da var.
Es gibt französische Sauce und auch italienische Sauce.
[es gipt frantsö:zişı zo:sı unt auh italye:nişı zo:sı]

* Fransız sosu : Zeytinyağ ve limon
** İtalyan sosu : Zeytinyağ, sirke, hardal.

Ben salatama fransız sosu istiyorum.
Ich möchte auf meinem Salat französische Sauce.
[ih möhtı auf maynım zala:t fransö:zişı zo:sı]

İçecek olarak ne alırdınız?
Was möchten Sie trinken?
[vas möhtın zi: trinkın]

Bana bir bira.
    Ich möchte ein Bier.
    [ih möhtı ayn bi:r]

Bana da önce bir portakal suyu.
    Ich möchte erst einen Orangensaft.
    [ih möhtı erst aynın oranjınzaft]

Beyaz şarap var mı?
    Haben Sie Weiß-Wein?
    [ha:bın zi: vaysvayn]

Evet, hangi marka isterdiniz?
    Ja, welche Marke möchten Sie?
    [ya: velhı markı möhtın zi:]

Size telefon var efendim.
    Es gibt Telefon für Sie.
    [es gipt telefo:n fü:r zi:]

Tatlı olarak ne alırdınız?
    Was möchten Sie zum Nachtisch?
    [vas möhtın zi: tsum nahtiş]

Neler var?
Was haben Sie?
[vas ha:bın zi:]

Elmalı pasta, krem şokola, dondurma, taze meyve.
Apfelkuchen, Schokoladenpudding, Eis und frische Früchte.
[apfılkuhın şokola:dınpuding ays unt frişı frühtı]

Sütlaç var mı?
Haben Sie Reispudding?
[ha:bın zi: rayzpuding]

Maalesef hayır.
Leider nein.
[laydır nayn]

Öyleyse bir dondurma ve bir elmalı pasta istiyoruz.
Also, wir möchten einmal Eis und Apfelkuchen.
[alzo vi:r möhtın aynma:l ayz unt apfılkuhın]

Çay veya kahve ister misiniz?
Möchten Sie Tee oder Kaffee trinken?
[möhtın zi: te: odır kafe: trinkın]

Evet bir çay ve bir kahve lütfen!
Ja, einen Tee und Kaffee, bitte.
[ya: aynın te: unt kafe: bitı]

d) Hesap çıkarma :

Garson, hesap!
   Herr Ober, zahlen!
   [her obır tsa:lın]

Hesap lütfen!
   Rechnung, bitte!
   [rehnung bitı]

Hemen beyfendi.
   Sofort mein Herr.
   [zofort mayn her]

Hepsi birlikte mi?
   Alles zusammen?
   [alıs tsuzamın]

Evet, hepsini birlikte hesaplayın.
   Ja, rechnen Sie, bitte, alles zusammen!
   [ya: rehnın zi: bitı alıs tsuzamın]

Hayır, hesabı ayrı ayrı yapın!
   Nein, rechnen Sie, bitte, einzeln!
   [nayn rehnın zi: bitı ayntsıln]

Herkes kendisi ödeyecek.
   Jeder zahlt für sich selbst.
   [ye:dır tsa:lt fü:r zih zelpst]

12.30 mark yapıyor.
   Das macht 12.30 DM.
   [das maht tsvölf mark draysih]

Servis fiyatlara dahil mi?
   Ist Service inbegriffen?
   [ist zö:rvis inbıgrifın]

KDV fiyatlara dahil mi?
   Ist MWS (Mehrwerts Steuer) inbegriffen?
   [ist emvees inbıgrifın]

Evet efendim servis ve KDV dahil.
   Ja, mein Herr Service und MWS sind inbegriffen.
   [ya: mayn her zö:rvis unt emvees zint inbıgrifın]

Kredi kartıyla ödeyebilir miyim?
   Kann ich mit der Kredit-Karte bezahlen?
   [kan-ih mit de:r kredi:t ka:rtı bıtsa:lın]

Hangi kredi kartınız var?
   Welche Kredit-Karte haben Sie?
   [velhı kredi:t ka:rtı ha:bın zi:]

Benim Kartım VISA.
   Ich habe VISA Karte.
   [ih ha:bı visa ka:rtı]

Evet efendim, bizde geçerlidir.
   Ja, mein Herr, das ist bei uns gültig.
   [ya: mayn her das ist bay uns gültih]

Öyleyse faturayı imzalamanız gerekiyor.
Also, Sie müssen die Rechnung unterschreiben.
[alzo zi: müsın di: rehnung untırşraybın]

Kredi kartınızı alabilir miyim?
Kann ich Ihre Karte bekommen?
[kan-ih i:rı ka:rtı bıkomın]

Ben nakit ödeyeceğim.
Ich bezahle Bar.
[ih bıtsa:lı ba:r]

Buyrun 15 mark, üstü kalsın.
Bitte 15 DM. den Rest behalten Sie!
[bıtı fünftse:n mark de:n rest bıhaltın zi:]

Teşekkürler, tekrar buyrun!
Danke schön, kommen Sie bald wieder!
[dankı şö:n komın zi: balt vi:dır]

e) Şikayetler :

Şu masayı toplayın lütfen!
   Räumen Sie den Tisch hier, bitte!
   [roymın zi: de:n tiş hi:r bitı]

Bunu sipariş etmemiştim.
   Ich habe den nicht bestellt.
   [ih ha:bı de:n niht bıştelt]

Müdürünüzle konuşmak istiyorum.
   Ich möchte mit Ihrem Chef sprechen.
   [ih-möhtı mit i:rım şef şprehın]

Çorba çok soğuk.
   Die Suppe ist zu kalt.
   [di zupı ist tsu kalt]

Et iyi kızarmamış.
   Der Fleisch ist nicht gut gebraten.
   [de:r flayş ist niht gu:t gıbra:tın]

Bu çiğ.
   Das ist roh.
   [das ist ro:]

Lütfen peçete getirin!
   Bringen Sie eine Serviette, bitte!
   [bringın zi: aynı zervietı bitı]

Bu masa örtüsü temiz değil.
   Diese Tischdecke ist nicht sauber.
   [di:zı tişdekı ist niht zaubır]

Bu bardakta lekeler var.
   Es gibt auf diesem Glas Flecken.
   [es gipt auf di:zım gla:s flekın]

Mümkünse soğuk su istiyorum.
   Wenn es möglich, möchte ich kaltes Wasser.
   [ven es mö:glih möhtı ih kaltıs vasır]

Balık iyi kızarmamış.
   Der Fisch ist nicht gut gebraten.
   [de:r fiş ist niht gu:t gıbra:tın]

Bunu yiyemiyorum, çok soğuk.
   Ich kann das nicht essen, es ist zu kalt.
   [ih kan das niht esın es ist tsu kalt]

Bu kaşık kirli.
   Dieser Löffel ist schmutzig.
   [di:zır löfıl ist şmutsih]

Çatal temiz değil.
 Diese Gabel ist nicht sauber.
 [di:zı ga:bıl ist niht zaubır]

Bu çok tuzlu.
 Das ist zu salzig.
 [das ist tsu zaltsih]

Garson, tuzlukta tuz yok!
 Herr Ober, Es gibt im Salzfaß kein Salz.
 [her o:bır es gipt im zalsfas kayn zalts]

Sanırım fazla para talep ediyorsunuz.
 Ich glaube, daß Sie zu viel Geld verlangen.
 [ıh glaubı das zi: tsu fi:l gelt ferlangın]

Benim yemek nerede kaldı?
 Wo bleibt mein Essen?
 [vo: blaypt mayn esın]

İçecek birşeyler söylemiştik.
 Wir bestellten etwas zum Trinken.
 [vi:r bışteltın etvas tsum trinkın]

Çorbada sinek var.
 Es gibt in der Suppe eine Fliege.
 [es gipt in de:r zupı aynı fli:gı]

f) Resimli Sözcükler :

Masa
der Tisch
[de:r tiş]

Yemek vakti
die Mahlzeit
[di ma:ltsayt]

Garson
der Kellner / der Ober
[de:r kelnır] [de:r o:bır]

Masa örtüsü
die Tischdecke
[di tişdekı]

Çatal
die Gabel
[di ga:bıl]

Kaşık
der Löffel
[de:r löfıl]

Bıçak
das Messer
[das mesır]

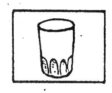

Bardak
das Glas
[das gla:s]

Tabak
der Teller
[de:r telır]

Menü kartı
die Speisekarte
[di şpayzıkartı]

Müşteri
der Kunde
[de:r kundı]

Porsiyon
die Portion
[di portsyo:n]

Bahşiş
das Trinkgeld
[das trinkgelt]

Üstü kalsın!
Behalten Sie den Rest!
[bıhaltın zi: de:n rest]

Hesap
die Rechnung
[di rehnung]

Sipariş vermek
bestellen
[bıştelın]

Ekmek
das Brot
[das bro:t]

Su
das Wasser
[das vasır]

Kahvaltı
das Frühstück
[das frü:ştük]

Öğle yemeği
das Mittagessen
[das mita:kesın]

Akşam yemeği
das Abendessen
[das a:bıntesın]

Ziyafet
das Gastmahl
[das gastma:l]

Peçete
die Serviette
[di zervietı]

Kül tablası
der Aschenbecher
[de:r aşınbehır]

Kürdan
der Zahnstocher
[de:r tsa:nştohır]

Tuzluk
das Salzfaß
[das zaltsfas]

Sandalye
der Stuhl
[de:r ştu:l]

İki kişilik masa
Tisch für zwei Personen
[tiş fü:rtsvay perzo:nın]

Şef garson
der Chef Kellner
[de:r şef kelnır]

Sürahi
die Wasserkaraffe
[di: vasırkarafı]

Vazo
die Vase
[di: va:zı]

Çiçek
die Blume
[di: blu:mı]

Şişe
die Flasche
[di: flaşı]

Süzgeç
der Seiher
[de:r zayhır]

g) Örnek Dialog :

RESTORANDA

- İyi akşamlar efendim hoş geldiniz.
- İyi akşamlar. 2 kişilik yer ayırtmıştık.
- Hangi isimle?
- Schumacher ailesi.
- Evet adınıza yer ayırtılmış, masa 12.
- Teşekkürler. Yemek listesini rica etsek.
- Hmm. Önce bir mercimek çorbası alayım.
- Siz ne alırdınız hanımefendi?
- Ben çorba istemiyorum. Soğuk ordövr alayım.
- Ana yemek olarak ne alırdınız?
- Kızarmış tavuk ve patates kızartması alayım.
- Salata alır mıydınız?
- Evet havuç salatası istiyorum. İçecek olarak da soda getirin!

- Tatlı olarak ne istersiniz?

- Karpuz alayım. Teşekkürler, hepsi bu kadar.

- Siz beyefendi, ana yemek olarak ne alırsınız?

- Ne tavsiye edersiniz?

- Bugün bifteğimiz çok güzel.

- Öyleyse orta pişmiş bir biftek.

- Makarna veya pilav alır mısınız?

- Makarna alayım, salata olarak da Rus salatası istiyorum.

- Hay hay efendim. Tatlı birşey alır mıydınız?

- Meyveli jöle istiyorum.

- Derhal getiriyorum efendim.

- Buyurun, siparişleriniz.

- Ama biz bunu istememiştik ki?

- Özür dilerim.

- İçecek bir şeyler ister misiniz?

- İki kahve lütfen, az şekerli.

- Buyrun kahveleriniz.

- Garson, hesap lütfen!

- Buyurun hesabınız.

- Teşekkürler, üstü kalsın

- Teşekkürler, iyi günler.

IM RESTAURANT

- Guten Abend mein Herr, Willkommen.

- Guten Abend. Ich hatte für zwei Personen Reservation gemacht.

- Mit welcher Name?

- Familie Schumacher.

- Ja, für Sie gibt es eine Reservation. Tisch Nummer 12.

- Danke, Wir bitten die Speisekarte!

- Hmm, erst möchte ich Linsensuppe.

- Und was möchten Sie meine Dame?

- Ich möchte keine Suppe, Ich möchte kalte Vorspeise.

- Was möchten Sie als Grundessen?

- Hühnerbraten und Pommesfrittes.

- Möchten Sie Salat?

- Ja, Mohrrübensalat, bitte, und zum Trinken Mineralwasser.

- Was möchten Sie zum Nachtisch?

- Wassermelone, bitte! Das ist alles.

- Und Sie mein Herr, was möchten Sie als Grundessen?

- Was empfehlen Sie mir?

- Heute ist Beef-Steak sehr gut.

- Also, ich möchte einmal Beef-Steak.

- Möchten Sie Pilaw oder Nudeln?

- Nudeln möchte ich, und als Salat möchte ich russischer Salat.

- Natürlich mein Herr, Und zum Nachtisch?

- Zum Nachtisch möchte ich Fruchtgelee.

- Sofort bringe ich.

- Bitte, Ihre Bestellungen.

- Aber, wir bestellten die nicht.

- Entschuldigen Sie!

- Möchten Sie etwas zum Trinken?

- Wir möchten zweimal Kaffee, mit wenigem Zucker.

- Herr Kellner, Rechnung bitte!

- Bitte, Ihre Rechnung!

- Danke schön, behalten Sie den Rest!

- Vielen Dank. Ich wünsche Ihnen guten Tagen.

h) Yiyecek ve içecek isimleri listesi:

h-1) Ordövrler:

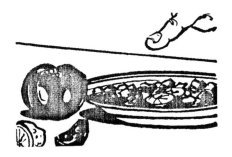

Karides kokteyli	: Krabbencocktail [krabınkoktayl]
Füme sığır dili	: geräucherte Oxenzunge [gıroyhırtı oksıntsungı]
Füme yılanbalığı	: geräucherter Aal [gıroyhırtır a:l]
Midye dolması	: gefüllte Muscheln [gıfültı muşıln]
Sucuk	: pikante Wurst [pikantı vurst]
Beyin salatası	: Gehirnsalat [gıhirnzala:t]
Söğüş salata	: geschnittene Gurken - Tomaten [gışnitını gurkın und toma:tın]

h-2) İ ç e c e k l e r :

Türk kahvesi	: türkischer Kaffee [türkişır kafe:]
Buzlu çay	: kalter Tee [kaltır te:]
Sıcak kakao	: heiße Schokolade [haysı şokola:dı]
Koka Kola	: Coca Cola [koka kola]
Maden suyu	: Mineralwasser [mineralvasır]
Meyve suyu	: Fruchtsaft [fruhtzaft]
Domates suyu	: Tomatensaft [toma:tınzaft]

Şarap	: Wein [vayn]
Bira	: Bier [bi:r]
Kanyak	: Kognak [konyak]
Cin-Tonik	: Branntwein und Tonikum [brantvayn unt tonikum]
Su	: Wasser [vasır]

h-3) Ç o r b a l a r :

Mantar çorbası : Pilzsuppe [piltszupı]

Kremalı domates çorbası : Tomatensuppe mit Sahne [toma:tınzupı mit za:nı]

Soğan çorbası : Zwiebelsuppe [tsvi:bılzupı]

Patates çorbası : Kartoffelsuppe [kartofılzupı]

Pirinç çorbası : Reisuppe [rayszupı]

Etsuyu : Brühe [brü:ı]

Balık çorbası : Fischsuppe [fişzupı]

Sebze çorbası : Gemüsesuppe [gımü:zızupı]

Mercimek çorbası : Linsensuppe [linzınzupı]

Şehriye çorbası : Nudelsuppe [nu:dılzupı]

h-4) B a l ı k l a r ;

Lüfer	: Blaufisch [blaufiş]
Karagöz	: Geissbrasse [gaysbrası]
Kefal	: Großkopf [gro:skopf]
Uskumru	: Makrele [makre:lı]
Midye	: Muschel [muşıl]
Sardalye	: Sardine [zardi:nı]
Hamsi	: Sardelle [sardelı]
Palamut	: Bonito [bonito]
Pisi	: Butt [but]
Mercan	: Goldbrasse [goltbrası]
Kırlangıç	: Knurrhahn [knurha:n]
Sazan	: Karpfen [karpfın]

Alabalık   : Forelle [forelı]

Ringo balığı : Hering [he:ring]

Morina   : Kabeljau [ka:bılyau]

Kılıç   : Schwertfisch [şve:rtfiş]

Levrek   : Seebarsch [ze:barş]

h-5) E t l i l e r   :

Biftek   : Beefsteak [bi:fsteyk]

Bonfile	: Filetbeefsteak [file:bi:fsteyk]
Izgara köfte	: Fleischklops [flayşklops]
Pirzola	: Kotelett [kotlet]
Ciğer	: Leber [le:bır]
Böbrek	: Niere [ni:rı]
Kuzu dolma	: gefülltes Lämmchen [gıfültıs lemhın]
Koyun kızartma	: Hammelbraten [hamılbra:tın]
Tavuk kızartma	: Hühnerbraten [hü:nırbra:tın]
Şnitzel	: Schnitzel [şnitsıl]
Tavuk dolması	: gefülltes Huhn [gıfültıs hu:n]
Izgara Pirzola	: geröstete Lambskoteletten [gıröstıtı lampskoteletın]

h-6) S e b z e l e r :

Taze fasulye	: grüne Bohne [grü:nı bo:nı]
Bezelye	: Erbse [erpsı]
Lahana	: Weißkohl [vaysko:l]
Kabak	: Kürbis [kürbis]
Dolmalık biber	: Paprika [paprika]
Pırasa	: Porree [pore:]
Ispanak	: Spinat [şpina:t]

Domates	: Tomate [toma:tı]
Enginar	: Artischocke [artişokı]
Havuç	: gelbe Rübe [gelbı rü:bı]
Kereviz	: Sellerie [zelıri:]
Patates	: Kartoffel [kartofıl]
Şalgam	: Kohlrübe [ko:lrü:bı]
Mor lahana	: Rotkohl [ro:tko:l]
Kıvırcık lahana	: Grünkohl [grü:nko:l]
Kuru fasulye	: weisse Bohne [vaysı bo:nı]
Mercimek	: Linse [linsı]
Patates püresi	: Kartoffelpüree [kartofılpüre:]
Asma yaprağı	: Weinblatt [vaynblat]

h-7) Hamur işi:

Makarna	: Makkaroni [makaro:ni]
Börek	: Pastete [paste:tı]
Pilav	: Reis [rays]
Erişte	: Nudeln [nu:dıln]

h-8) **Salatalar:**

Salata	: Salat [zala:t]
Yeşil salata	: grünen Salat [grü:nın zala:t]
Domates salatası	: Tomatensalat [toma:tınzala:t]
Patates salatası	: Kartoffelsalat [kartofılzala:t]
Hıyar salatası	: Gurkensalat [gurkınzala:t]
Havuç salatası	: Mohrrübensalat [mo:rrübınzala:t]
Turp salatası	: Rettichsalat [retihzala:t]
Rus salatası	: Russischer Salat [rusişır zala:t]

Mor lahana salatası : Rotkohlsalat [ro:tko:lzala:t]

Hıyarlı domates salata : Tomatensalat mit Gurken
[toma:tınzala:t mit gurkın]

h-9) **Tatlı ve Meyveler:**

Dondurma : Eis [ays]

Dondurma çeşitleri : Eisarten [aysartın]

Komposto : Kompott [kompot]

Elma kompostosu : Apfelkompott [apfılkompot]

Ayva kompostosu : Quittenkompott [kvitınkompot]

Çilek kompostosu : Erdbeerenkompott
[e:rtbe:rınkompot]

Erik kompostosu : Pflaumenkompott
[pflaumınkompot]

Elmalı pasta : Apfelkuchen [apfılkuhın]

Vişneli tart : Kirschentorte [kirşıntortı]

Sütlaç	: Reispudding [rayzpuding]
Sütlü tatlılar	: süsse Milchspeisen [zü:sı milhşpayzın]
Fransız pastaları	: französische Kuchen [frantsö:zişı kuhın]
Krem karamel	: Karamelpudding [karamelpuding]
Meyveli jöle	: Schokoladenpudding [şokola:dınpuding]
Meyve salatası	: Fruchtsalat [fruhtzala:t]
Elma	: Apfel [apfıl]
Armut	: Birne [birnı]
Şeftali	: Pfirsich [pfirzih]
Kayısı	: Aprikose [apriko:zı]
Çilek	: Erdbeere [e:rtbe:rı]

Kiraz	: Kirsche [kirşı]
Vişne	: Sauerkirsche [zauırkirşı]
Kavun	: Zuckermelone [tsukırmelo:nı]
Karpuz	: Wassermelone [vasırmelo:nı]
Üzüm	: Weintraube [vayntraubı]
Muz	: Banane [bana:nı]
Portakal	: Apfelsine [apfılzi:nı]
Mandalina	: Mandarine [mandari:nı]
Nar	: Granatapfel [grana:tapfıl]
Yeşil erik	: Pflaume [pflaumı]
Mürdüm eriği	: Zwetschge [tsveçgı]

h-10) Kahvaltılık:

Taze yumurta	: frisches Ei [frişıs ay]
Peynir	: Käse [kezı]
Zeytin	: Olive [oli:vı]
Tereyağı	: Butter [butır]
Bal	: Honig [ho:nih]
Reçel	:Marmelade [marmela:dı]
Kızarmış ekmek	: geröstetes Brot [gıröstıtıs bro:t]
Tost	: Toast [toust]
Yulaf ezmesi	: Haferflockenbrei [ha:fırflokınbray]
Kek	: Kuchen, Keks [kuhın] [keks]
Mısır ekmeği	: Maisbrot [maysbro:t]

h-11) Baharat ve Diğerleri:

Sirke	: Essig [esih]
Limon	: Zitrone [tsitro:nı]
Tuz	: Salz [zalts]
Karabiber	: Pfeffer [pfefır]
Hardal	: Senf [zenf]
Kıyma	: Hackfleisch [hakflayş]
Izgara	: Bratrost [bra:trost]
Fırın	: Bratofen [bra:to:fın]
Tava	: Pfanne [pfanı]

i) Yemek cinsleri ve çeşitleri :

mezeler	Vorspeisen
çorbalar	Suppen
salatalar	Salate
balıklar	Fische
et yemekleri	Fleischgerichte
etli dolmalar	mit Fleisch farcierte Speisen
sebzeler	Gemüse
kızartmalar	Gebratenes
yumurtalı yemekler	Eierspeisen
zeytinyağlılar	Gerichte mit Olivenöl (kalt)
hamur işleri	Teigwaren
tatlılar	Süßspeisen
meyveler	Obst
içecekler	Getränke
içkiler	alkoholische Getränke
alkolsüz içecekler	alkoholfreie Getränke

j) Yemek pişirme yöntemleri

buğulama	gedämpft
çevirme	am Spieß gebraten
çiğ	roh
dolma	farciert
fırında	im Ofen gebraten
füme	geräuchert
haşlama	gebrüht
ızgara	gegrillt
kızartma	in Öl gebraten
salamura	mariniert
tandır	im Spezialofen gegrillt
turşu	Essiggemüse
zeytinyağlı	mit Olivenöl (kalt)
pişmiş	gekocht
az pişmiş	blutig
orta pişmiş	mittel
iyi pişmiş	gut durchgebraten
çok pişmiş	zerkocht

k) Baharatlar

baharat	Gewürz
biber	Pfeffer
acı biber	scharfer Paprika
karabiber	schwarzer Pfeffer
kırmızıbiber	Paprika
hardal	Senf
karanfil	Gewürznelke
kekik	Thymian
kimyon	Kümmel
maydanoz	Petersilie
nane	Minze
rezene	Fenchel
sarmısak	Knoblauch
tarçın	Zimt
tuz	Salz
zencefil	Ingwer
yeşil soğan	Schnittlauch

I) Alfabetik yiyecek isimleri

acem pilavı	Reis mit Zwiebeln, Nüssen und Rosinen
Adana kebabı	am Spieß gegrillte, gewürzte Fleischbällchen
ahududu	Himbeere
alabalık	Forelle
alkollü içkiler	alkoholische Getränke
alkolsüz içkiler	alkoholfrie Getränke
ananas	Ananas
ançüez	Anchovis
armut	Birne
arnavutciğeri	gebratene Leber
aşure	Noah-Pudding, eine Süßspeise mit Weizenkörnern, Nüssen und getrocknetem Obst
ayran	Getränk aus Joghurt und Wasser
ayva	Quitte
ayva reçeli	Quittenmarmelade
az pişmiş	blutig
badem	Mandel
badem ezmesi	Marzipan
badem kurabiyesi	Makrone
badem şekeri	Zuckermandeln
bakla	Puff-/Saubohne
baklava	Süßspeise gefüllt mit Nüssen in Sirup
bal	Honig
balık	Fisch
balık buğulaması	mit Tomaten gebackener Fisch
balık çorbası	Fischsuppe
balık kızartması	in Öl gebratener Fisch
balık köftesi	Fischfrikadellen
bamya	Okra
bamya çorbası	dicke Okrasuppe

barbunya	rote Meerbarbe; kleinere, gesprenkelte Bohnenart
barbunya tava	in Öl gebratene rote Meerbarbe
bazlama(ç)	auf einer heißen Platte gebackene Fladen
beğendili tavuk	Hühnchen mit Aubergine
beyaz peynir	Schafskäse
beyaz şarap	Weißwein
beyin haşlaması	gekochtes Lammhirn
beyin salatası	Hirnsalat
beyin tavası	gebratenes Lammhirn
bezelye	Erbsen
bezelye çorbası	Erbsensuppe
bezelye püresi	Erbsenpüree
bıldırcın	Wachtel
biber	Pfeffer, Paprika, -schote
biber dolması	farcierte Pfefferschote
biber kızartması	gebratener grüner Paprika
biftek	Steak
bira	Bier
bisküvi	Keks
bonfile	Filet
boza	dickeflüssiges Getränk aus gegorener Hirse
böbrek	Niere
böbrek ızgara	gegrillte Niere
böcek	Flußkrebs
böğürtlen	Brombeere
börek	Pastete
buğulama	gedämpft
bulgur pilavı	mit Tomaten gekochte Graupen
Bursa kebabı	gegrilltes Lammfleisch auf Fladen mit Tomatensoße und und Joghurt
buz	Eis
buzlu	eisig, mit Eis

bülbül yuvası	Süßspeise mit Nüssen in Sirup
cacık	geriebene Gurken mit Joghurt, Wasser, Salz und Öl
ceviz	Walnuß
cevizli kek	Walnußkuchen
ciğer	Leber
ciğer tava	gebratene Leber
ciğer sarması	gekochte Leber gewickelt in Lammfett
cin	Gin
cintonik	Gin und Tonik
cips	Chips
çamfıstığı	Pinienkern
çavdar ekmeği	Roggenbrot
çay	Tee
Çerkez tavuğu	kaltes Hühnchen in Walnußsoße mit Knoblauch
çılbır	verlorene Eier in Joghurt
çiğköfte	Gericht aus Hackfleisch, zerstoßenem Weizen und Paprikapulver, serviert mit Kopfsalat
çikolata	Schokolade
çikolatalı	mit Schokolade
çikolatalı dondurma	Schokoladeneis
çikolatalı pasta	Schokoladenkuchen
çikolatalı sufle	Schokoladensoufflé
çilek	Erdbeere
çilekli dondurma	Erdbeereis
çilek reçeli	Erdbeermarmelade
çinakop	10-15 cm langer Blaufisch
çiroz	getrocknete Sprotte/sehr kleine Makrele
çiroz salatası	Makrelensalat
çoban salatası	Salat aus kleingeschnitten Gurken, Tomaten und Zwiebeln

çok pişmiş	übergar
çorba	Suppe
çöp kebabı	auf hölzernen Stäbchen gegrillte kleine Lammfleischstückchen
çörek	eine Art Gebäck
çulluk	Waldschnepfe
dana eti	Kalbfleisch
dana rozbif	Kalbsbraten
deniz ürünleri	Meerestiere
deniz ürünleri salatası	Meerestieresalat
dereotu	Dill
dil	Zunge
dilbalığı	Seezunge
dilber dudağı	Süßspeise mit Nußfüllung in Lippenform
dil füme	geräucherte Zunge
dolma	farciertes Gemüse
domates	Tomate
domatesli	mit Tomaten
domates çorbası	Tomatensuppe
domatesli pilav	Tomatenreis
domatesli pirinç çorbası	Tomatensuppe mit Reis
domates salatası	Tomatensalat
domates salçası	Tomatensoße
domates suyu	Tomatensaft
domates turşusu	Essigtomaten
domuz eti	Schweinefleisch
dondurma	Speiseeis
döner kebap	auf einem senkrechten Spieß gegrilltes und in hauch dünnen Scheiben mit Reis und Salat serviertes Lammfleisch
dut	Maulbeere
düğün çorbası	Suppe aus Lammbrühe, Zitrone, Joghurt und verdickt mit Ei
ekmek	Brot

ekmek kadayıfı	eine Art Süßspeise
elma	Apfel
elma suyu	Apfelsaft
elma tatlısı	Apfeldessert
enginar	Artischocke
erik	Pflaume
erikli tavuk dolması	farciertes Huhn mit Pflaumen
erikli tavşan	Hase mit Pflaumen
erişte	Teigwaren, Nudeln
et	Fleisch
etli	mit Fleisch
etli ayşekadın	grüne Bohnen mit Fleisch
etli bamya	Okra mit Fleisch
etli bezelye	Erbsen mit Fleisch
etli biber dolması	mit Fleisch farcierte Paprikaschoten
etli bulgur pilavı	mit Fleisch und Tomaten gekochte Graupen
etli domates dolması	mit Fleisch farcierte Tomaten
etli enginar dolması	mit Fleisch farcierte Artischocken
etli kabak dolması	mit Fleisch farcierte Zucchinis
etli kapuska	gedämpfter Kohl mit Fleisch
etli kuru fasulye	weiße Bohnen mit Fleisch
etli kereviz	Sellerie mit Fleisch
etli lahana dolması	mit Fleisch farcierte Kohlblätter
etli nohut	Kichererbsen mit Fleisch
etli patlıcan dolması	mit Fleisch farcierte Auberginen
etli semizotu	Portulak mit Fleisch
etli sebzeli güveç	Schmorgemüse mit Fleisch
etli yaprak dolması	mit Fleisch farcierte Weinblätter
et suyu	Fleischbrühe
et yemekleri	Fleischgerichte
ezme	Püree
ezo gelin çorbası	Suppe aus Linsen und Graupen
fasulye	Bohne

fasulye pilaki	kaltes Bohnengericht
fasulye piyazı	Salat aus Bohnen und Zwiebeln
fava	zerdrückte Saubohnen (kalt)
fındık	Haselnuß
fırında	gebacken, überbacken
fırında sığır kebabı	Rinderrostbraten vom Ofen
fıstık	Pistazie, Piniole, Erdnuß
fıstıklı	mit Pistazien
fıstıklı dondurma	Pistazieneis
fıstıklı muhallebi	Reismehlpudding mit Pistazien
füme	geräuchert
gazoz	Brauselimonade
greyfrut	Pampelmuse
gulaş	Gulasch
güllaç	in Milch gekochte Oblaten mit Nüssen
gümüşbalığı	Silberfisch, Ukelei
güveç	Schmortopf, Schmorgemüse/-fleisch
güvercin	Taube
hamsi	Anschovis
hamur işi	Mehlspeise, Teigware
hanımparmağı	getrocknete Teigstäbchen in Sirup
hardal	Senf
haşlama	gekocht, Gekochtes
haşlanmış yumurta	gekochte Eier
havuç	Möhre, Mohrrübe
havuç kızartması	gebratene Möhren
havuç pane	paniert und gebratene Möhren
havuç salatası	Möhrensalat
havyar	Kaviar
haydari	Quark mit Knoblauch und Gewürzen
hazır yemek	Fertiggericht
helva	Türkischer Honig

hıyar	Gurke
hindi	Truthahn
hindi kızartma	gebratener Truthahn
hindiba	Endivie
hindiba çorbası	Endiviensuppen
hindi dolması	gefüllte Pute
hindistancevizi	Kokosnuß, Muskatnuß
hoşaf	Kompott aus Dörrobst
hurma	Dattel
hünkârbeğendi	Auberginenpüree mit Fleisch
ıhlamur	Linde, Lindenblütentee
ıspanak	Spinat
ıspanaklı börek	Spinatpastete
ıspanaklı yumurta	Spinat mit Ei
ıstakoz	Hummer
ızgara	Grill, geröstet
ızgara balık	gegrillter Fisch
ızgara köfte	gegrillte Frikadellen
içecek	Getränk
içki	alkoholisches Getränk
içliköfte	panierte Frikadellen aus Hackfleisch und Graupen mit Walnuß-Füllung
iç pilav	Reis mit Rosinen, Pinienkernen und Zwiebeln
imambayıldı	kaltes Auberginengericht
incir	Feige
irmik helvası	Süßspeise aus gekochtem Grieß
iskender kebap	mit Döner Kebap, Joghurt und Tomatensoße bedeckter Fladen
İskoç viski	Schottischer Whisky
islim kebabı	gedämpftes Röstfleisch
istiridye	Auster
işkembe çorbası	Pansensuppe (türkische Spezialität)
iyi pişmiş	gut durchgekocht/-gebraten

İzmir köftesi	Frikadellen und Kartoffeln in Tomatensoße
jambon	Schinken
jöle	Gelee
kabak	Kürbis, Zucchini
kabak dolması	farcierte Zucchini
kabak kızartması	gebratene Zucchini
kabak musakka	Fleischpastete mit Zucchini
kabak pane	paniert und gebratene Zucchini
kabak reçeli	Kürbismarmelade
kabak tatlısı	Kürbis in Sirup mit Walnüssen
kadınbudu (köfte)	Hackfleisch-Reis-Frikadellen in Ei getüncht und gebraten
kadıngöbeği	Süßspeise aus Spritzkuchenart in Sirup
kâğıt kebabı	in Pergament gewickeltes und mit Zwiebeln usw. gedünstetes Fleisch

 Restaurant

SPEISEKARTE

Spaghetti	DM 8,00
Pizza	DM 12,00
Kaltes Roastbeef	DM 12,00
Käsefondue	DM 15,00
Pommes frites	DM 3,00
Käse	DM 4,00
1 Stück Apfeltorte	DM 4,00
Bier	DM 1,40
Whisky	DM 5,00
Tee	DM 3,00
Gedeck:	DM 3,50

kâğıtta barbunya	in Papier gewickelt gebratene rote Meerbarben
kâğıtta pişmiş	in Papier gebacken
kahvaltı	Frühstück
kahve	Kaffee
kakao	Kakao
kalkan	Steinbutt
kamış	Bambus-, Zuckerrohr, Strohhalm
kanyak	türkischer Weinbrand
kapama	mit Frühlingszwiebeln und Lattich gedünstetes Fleisch
karabiber	schwarzer Pfeffer
karadut	schwarze Maulbeere
karagöz	Geißbrasse
kara zeytin	schwarze Olive
karışık	gemischt
karışık dondurma	gemischtes Eis
karışık meyve	gemischte Früchte
karışık ızgara	gemischtes Röstfleisch
karışık salata	gemischter Salat
karides	Garnele
karides kokteyli	Garnelencocktail
karides salatası	Garnelensalat
karides tava	gebratene Garnelen
karnabahar	Blumenkohl
karnabahar musakka	Fleischpastete mit Blumenkohl
karnabahar salatası	Blumenkohlsalat
karnabahar tavası	gebratener Blumenkohl
karnıyarık	mit Fleisch farcierte Auberginen
karpuz	Wassermelone
kaşar peyniri	fetter, gelblicher Käse
kavun	Honig-, Zuckermelone
kavunlu dondurma	Honigmeloneneis
kayısı	Aprikose
kayısı reçeli	Aprikosenmarmelade

kayısı suyu	Aprikosensaft
kaymak	Rahm, Sahne
kaymaklı	mit Rahm, Sahne
kaymaklı dondurma	Sahneeis
kaynak suyu	Quellwasser
kaz	Gans
kazandibi	angenehm brenzlig schmeckende Süßspeise
kebap	Röstfleisch
kefal	Meeräsche
kefal pilakisi	kaltes Meeräschengericht mit Gemüse
kek	Kuchen
keklik	Rebhuhn
kereviz	Sellerie
kereviz salatası	Selleriesalat
kestane	Kastanie
kestaneşekeri	kandierte Kastanien
kestaneli hindi	gebratener Truthahn mit Kastanien
keşkek	gekochter Weizen mit Hackfleisch / Zucker
keşkül	Milch-Süßspeise mit Mandeln
kılıçbalığı	Schwertfisch
kılıç ızgara	gegrillter Schwertfisch
kılıç şiş	Schwertfisch am Spieß
kırmızıbiber	Paprika
kırmızıturp	Radieschen
kırmızıturp salatası	Radieschensalat
kırmızı şarap	Rotwein
kısır	Graupen mit Paprika
kış türlüsü	geschmortes Wintergemüse mit Fleisch
kıyma	Hackfleisch
kıymalı	mit Hackfleisch
kıymalı bamya	Okra mit Hackfleisch

kıymalı börek	Pastete mit Hackfleisch
kıymalı ıspanak	Spinat mit Hackfleisch
kıymalı karnabahar	Blumenkohl mit Hackfleisch
kıymalı makarna	Spaghetti mit Hackfleisch
kıymalı mercimek	Linsen mit Hackfleisch
kıymalı pide	Fladen mit Hackfleisch
kıymalı yumurta	Ei mit Hackfleisch
kızarmış ekmek	Toast, geröstetes Brot
kızartma	gebraten, Gebratenes
kiraz	Kirsche
koç yumurtası	Delikatesse aus Widderhoden
kokoreç	am Spieß gegrillte Lammgedärme
kola	Coca Cola
komposto	Kompott
koyun eti	Schafs-, Hammelfleisch
koyun kızartması	Schafs-, Hammelbraten
koyun yahnisi	Schafs-, Hammelragout
köfte	Frikadelle
köpüklü şarap	Schaumwein
krema	Creme(speise)
kremalı	mit Creme
kremalı pasta	Kuchen mit Creme
krem karamel	Créme Caramel
kremşantiye	Créme Chantilly
kurabiye	Makrone
kuru	trocken, getrocknet
kuru fasulye	weiße Bohne
kuru köfte	gebratene Frikadellen
kuru üzüm	Rosine
kuruyemiş	getrocknete Früchte und Nüsse
kuskus pilavı	Teigware in Kügelchenform
kuşbaşı	kleine Fleischwürfel
kuşkonmaz	Spargel
kuzu	Lamm

kuzu dolması	farciertes Lamm
kuzu eti	Lammfleisch
kuzu fırında	Lammbraten
kuzu kapama	Lamm mit Lattich
kuzu kızartması	Lammbraten
kuzu pirzolası	Lammkotelett
kuzu tandır	in zylinderförmigem Ofen gebratenes Lamm
kuzu tas kebabı	in einer Schale gekochtes Lammfleisch
kuzu yahni	Lammragout
lahana	Kohl
lahana dolması	farcierte Kohlblätter
lahana salatası	Kohlsalat
lahana turşusu	Essigkohl
lahmacun	eine Art Fleischpizza
lakerda	in Salzbrühe eingelegter Thunfisch
leblebi	geröstete Kichererbsen
levrek	Barsch
likör	Likör
limon	Zitrone
limonata	Limonade
limonlu dondurma	Zitroneneis
lokum	Türkisches Entzücken
lüfer	Blaufisch
makarna	Makaroni, Spaghetti
mandalina	Mandarine
mantar	Pilz
mantı	eine Art Ravioli, die mit Joghurt gegessen wird
marmelat	Marmelade
marul	Lattich
marul salatası	Lattichsalat
maden suyu	Mineralwasser
maydanoz	Petersilie

mayonez	Mayonaise
mayonezli	mit Mayonaise
memba suyu	Quellwasser
menemen	Omelett mit Tomaten und Pfefferschoten
mercan	Rotbrasse
mercimek	Linse
mercimek çorbası	Linsensuppe
mersin(balığı)	eine Sterlet-Art
meşrubat	alkoholfreie Getränke
meyve	Obst
meyveli kek	Obstkuchen
meyveli turta	Obsttorte
meyve suyu	Obstsaft
meyve salatası	Obstsalat
meze	Imbiß, Hors d'œuvre
mısır	Mais
midye	Muschel
midye dolması	mit gewürztem Reis gefüllte Muscheln in der Schale
midye pilakisi	Muschelragout
midyeli pilav	Reis mit Muscheln
midye tava	in Rührteig getaucht gebratene Muscheln
morina	Dorsch, Kabeljau
muhallebi	Reismehlpudding
musakka	Fleischpastete mit Gemüse
muska böreği	dreieckige Pastete mit Käse, Petersilie, etc.
muz	Banane
mücver	Gemüsefrikadellen
nane	Minze
nar	Granatapfel
nemse böreği	Blätterteig mit Schafskäse und Petersilie
neskafe	Pulverkaffee

nohut	Kichererbse
nohutlu paça	Hammelsfüße mit Kichererbsen
nohutlu işkembe	Pansen mit Kichererbsen
nohutlu tavuk	Huhn mit Kichererbsen
nohutlu yahni	Lammeragout mit Kichererbsen
omlet	Omelett
orta pişmiş	mittel gekocht, gebraten
oturtma	Fleisch-Gemüse-Gericht
ördek	Ente
paça	Lammfüße
paça çorbası	Lammfußsuppe
palamut	Bonito (kurzflossiger Thunfisch)
pancar	rote Beete
pancar turşusu	Essigbeete
pane	paniert
papatya çayı	Kamillentee
paskalya çöreği	Osterkuchen in Zopfform
pasta	Kuchen, Torte
pastırma	starkgewürztes Dörrfleisch
pastırmalı yumurta	Spiegeleier mit Dörrfleisch
patates	Kartoffel
patates çorbası	Kartoffelsuppe
patates köftesi	Krokette
patates kızartması	Pommes frites
patatesli	mit Kartoffeln
patates püresi	Kartoffelbrei
patates salatası	Kartoffelsalat
patates tava	Pommes frites
patlıcan	Aubergine, Eierfrucht
patlıcan turşusu	gefüllte Essigauberginen
patlıcan kebabı	in Auberginen gewickelte Fleischstücke
patlıcan kızartması	gebratene Auberginen
patlıcan köfte	in Auberginen gewickelte Frikadellen
patlıcanlı pilav	Reis mit Auberginen

patlıcan musakka(sı)	Fleischpastete mit Auberginen
patlıcan salatası	Auberginensalat
pavurya	Einsiedlerkrebs
pembe şarap	Rosé
peynir	Käse
peynirli	mit Käse
peynirli börek	Pastete mit Schafskäse
peynirli omlet	Käseomelett
peynirli pide	Käsefladen
peynirli tepsi böreği	Blechpastete mit Käse
peynir tatlısı	kleine Käsekuchen in Sirup
pırasa	Lauch
pırasa musakka	Fleischpastete mit Lauch
pide	Fladen
pilaki	kaltes Bohnen- oder Fischgericht
pilav	mit Butter gekochter Reis
pilavlı hindi	Truthahn mit Reis
pilavlı tavuk	Huhn mit Reis
piliç	Hühnchen
piliç dolması	farciertes Hühnchen
piliç ızgarası	gegrilltes Hähnchen
piliç kızartması	gebratenes Hähnchen
pirinç çorbası	Reissuppe
pirzola	Kotelett
pisibalığı	Scholle
pişkin	gut durchgebraten
piyaz	Salat aus gekochten weißen Bohnen
poğaça	Mürbteigpastete mit Fleisch- oder Käsefüllung
portakal	Apfelsine
portakal reçeli	Apfelsinenmarmelade
portakal suyu	Apfelsinensaft
pufböreği	Blätterteig mit Fleisch oder Käse

püre	Püree
rafadan	weichgekocht(-es Ei)
rakı	Anisbranntwein (türkisches Nationalgetränk)
reçel	Marmelade, Konfitüre
revani	Grieß-Süßspeise
rom	Rum
rosto	Braten
Rus salatası	Russischer Salat aus Mayonaise, Erbsen, Möhren, etc.
roze	Rosé
sade kahve	Türkischer Kaffee ohne Zucker
sade pilav	einfacher Reis
sahanda yumurta	Spiegelei
salam	Salami
salata	Salat
salatalık	Gurke
salatalık turşusu	Essiggurke
salep	Salep, heißes Getränk mit Saleppulver
salça	Soße, Tomatensoße
salçalı	mit Tomatensoße
salçalı köfte	Frikadellen in Tomatensoße
salyangoz	Schnecke
sandviç ekmeği	Sandwich-Brot
saray lokması	Krapfen in Sirup
sardalye	Sardine
sarığıburma	turbanähnliche süße Blätterteigpastete
sarmısak	Knoblauch
sarmısaklı	mit Knoblauch
sazan	Karpfen
sebze(ler)	Gemüse
sebze çorbası	Gemüsesuppe
sebzeli kapama	mit Gemüse gedünstetes Lammfleisch

sek şarap	herber Wein
semizotu	Portulak
sıcak	heiß, warm
sıcak şarap	Glühwein
sıcak yemekler	warme Gerichte
sığır eti	Rindfleisch
sigaraböreği	zigarettenförmiges Gebäck gefüllt mit Fleisch, Käse, etc.
simit	mit Sesam bedeckter Kringel
sirke	Essig
siyah zeytin	schwarze Olive
soda	Soda(wasser)
soğan	Zwiebel
soğan dolması	farcierte Zwiebeln
soğanlı	mit Zwiebel
cold	kalt
soğuk yemekler	kalte Gerichte
som (balığı)	Lachs, Salm
sos	Soße
sosis	Würstchen
soslu	mit Soße
spagetti	Spaghetti
su	Wasser
suböreği	geschichtetes Gebäck mit Käse oder Fleisch
sucuk	türkische Wurst mit Gewürzen und Knoblauch
sufle	Soufflé
sumak	Sumach
sumuhallebisi	Reismehlpudding mit Rosenwasser
sup(anglez)	Süßspeise mit Schokoladensoße
sülün	Fasan
süt	Milch
sütlaç	Milchreis
sütlü	mit Milch

sütlü neskafe	Milchkaffee
süzme (yoğurt)	Quark
şalgam	Steckrübe
şamfıstığı	Pistazie
şambaba	Süßspeise
şam tatlısı	Süßspeise mit Sirup
şarap	Wein
şeftali	Pfirsich
şeftalili dondurma	Pfirsicheis
şeftali reçeli	Pfirsichmarmelade
şeftali suyu	Pfirsichsaft
şehriye	Suppenteigwaren
şehriye çorbası	Nudelsuppe
şehriyeli	mit Nudeln
şeker	Zucker
şekerli	mit Zucker
şekerli kahve	gesüßter Türkischer Kaffee
şekersiz kahve	ungesüßter Türkischer Kaffee
şekerpare	kleine Kuchen in Sirup
şerbet	Sorbet
şıra	süßer Traubenmost
şiş	Spieß, am Spieß gegrillt
şişe	Flasche
şiş kebabı	am Spieß gegrillte Fleischstücke
şiş köfte	am Spieß gegrillte Frikadellen
şurup	Fruchtsaft, Sirup
şnitzel	Schnitzel
talaşböreği	Blätterteiggebäck mit Fleischfüllung
talaşkebabı	in Blätterteig gebackenes Lammfleisch
tandır	in den Boden eingelassene Backvorrichtung
tandırkebabı	im "Tandır" gebratenes Fleisch
tarama	gesalzener Weißfisch-Roggen
tarator	Soße mit Nuß und Knoblauch

taratorlu karnabahar	Blumenkohl mit Nuß-Knoblauch-Soße
tarhana çorbası	Suppe aus einem mit Joghurt und Fleischbrühe hergestelltem Pulver
taskebabı	in einer Schale gekochtes Fleisch
tatarböreği	ravioliähnliche Pastetenart mit Hackfleisch und Joghurt
tatlı	süß, Süßspeise
tatlı şarap	süßer Wein
tava(da)	in Öl gebraten
tavşan	Hase
tavuk	Huhn
tavuk çorbası	Hühnersuppe
tavukgöğsü	türkische Süßspeise aus kleingehackter Hühnerbrust, Reismehl, Milch und Zucker
tavuk ızgara	gegrilltes Hähnchen
tavuklu beğendi	Huhn mit Auberginenpüree
tavuklu güveç	Schmorgemüse mit Huhn
tavuklu pilav	Reis mit Hühnerfleisch
taze	frisch
taze fasulye	grüne Bohnen
taze mısır çorbası	Maissuppe
taze soğan	Frühlingszwiebel
tekir	Streifen- bzw. rote Meerbarbe
telkadayıf	fadenartige Süßspeise mit Nuß in Sirup
terbiye	Soße aus Ei und Milch/Zitronensaft oder Essig und Knoblauch
terbiyeli	mit säuerlicher Soße
terbiyeli haşlama	gekochtes Lammfleisch mit säuerlicher Soße
terbiyeli köfte	Frikadellen mit säuerlich Soße
tereyağı	Butter

tonik	Tonikwasser
torik	großer Bonito
tost	getoastetes Sandwich
tulumba tatlısı	mit Sirup durchtränkter Spritzkuchen
tulumpeyniri	im Ziegenfell gemachter Schafskäse
turnabalığı	Hecht
turp	Rettich, Radieschen
turşu	Essiggemüse
turşu suyu	Saft vom Essiggemüse
turunç	Pomeranze
tuz	Salz
tuzlu	gesalzen
türlü	gemischtes Schmorgemüse mit Fleisch
un helvası	Süßspeise aus gekochtem Mehl
uskumru	Makrele
uskumru dolması	farcierte Makrele
üzüm	Weintrauben
üzümlü kek	Rosinenkuchen
vanilya	Vanille
viski	Whisky
vişne	Sauerkirsche
vişne suyu	Sauerkirschsaft
votka	Wodka
yabankazı	Wildgans
yabanördeği	Wildente
yağ	Öl, Fett
yahni	Ragout
yaprak dolması	farcierte Weinblätter
yayla çorbası	Joghurtsuppe
yaz türlüsü	geschmortes Sommergemüse mit Fleisch
yengeç	Krebs
yerfıstığı	Erdnuß

yeşil mercimek çorbası	grüne Linsensuppe
yeşil salata	grüner Salat
yeşil zeytin	grüne Oliven
yoğurt	Joghurt
yoğurtlu	mit Joghurt
yoğurtlu kebap	Röstfleisch mit Joghurt und Fladen
yoğurtlu paça	Lammfüße mit Joghurt und Knoblauch
yumurta	Ei
yumurtalı	mit Ei
yılanbalığı	Aal
zerde	süße, mit Safran zubereitete Reisspeise
zeytin	Olive
zeytinyağı	Olivenöl
zeytinyağlı	mit Olivenöl

zeytinyağlı ayşekadın (fasulye) mit Olivenöl zubereitete grüne Bohnen

zeytinyağlı bakla ezmesi mit Olivenöl zubereiteter Puffbohnenbrei

zeytinyağlı biber dolması mit Olivenöl zubereitete farcierte Pfefferschoten

zeytinyağlı ekşi kabak mit Olivenöl zubereitete saure Zucchini

zeytinyağlı ekşili patlıcan mit Olivenöl zubereitete saure Auberginen

zeytinyağlı ekşili pırasa mit Olivenöl zubereiteter sauer Lauch

zeytinyağlı iç baklalı enginar mit Olivenöl zubereitete Artischocken mit Puffbohnen

zeytinyağlı imambayıldı mit Olivenöl zubereitetes Auberginengericht

zeytinyağlı kış türlüsü mit Olivenöl zubereitetes Wintergemüse

zeytinyağlı lahana dolması mit Olivenöl zubereitete farcierte Kohlblätter
zeytinyağlı patlıcan mit Olivenöl zubereitete Auberginen
zeytinyağlı pırasa mit Olivenöl zubereiteter Lauch
zeytinyağlı pırasa böreği mit Olivenöl zubereitetes Lauchgebäck

İçkiler

Alkollü İçkiler (Alkoholische Getränke)

Bier	bira
Weinbrand	brendi
Champagner	şampanya
Cocktail	kokteyl
Kognak	kanyak
Gin	cin
Likör	likör
Rakı	rakı
Rotwein	kırmızı şarap
Rosé	roze (pembe şarap)
Rum	rom
Schaumwein	köpüklü şarap
Schottischen Whisky	İskoç viski
Wein	şarap
Weißwein	beyaz şarap
Whisky	viski
Wodka	votka

Alkolsüz İçecekler (Alkoholfreie Getränke)

fanta	Fanta, Orangenlimonade
gazoz	Brauselimonade
kola	Coca-Cola
limonata	Limonade
maden suyu	Mineralwasser
soda	Sodawasser
tonik	Tonikwasser

Meyve suları (Fruchtsäfte)

elma suyu	Apfelsaft
kayısı suyu	Aprikosensaft
portakal suyu	Apfelsinensaft
şeftali suyu	Pfirsichsaft
vişne suyu	Sauerkirschsaft

Sıcak İçecekler (Warme Getränke)

çay	Tee
kahve	Kaffee
kakao	Kakao
neskafe	Pulverkaffee
salep	Salep (heißes Getränk aus pulverisiertem Salep und Milch oder Wasser)

B) BARDA :

a) Müşteri karşılama :

İyi akşamlar
    Guten Abend.
    [gu:tın a:bınt]

Hoşgeldiniz.
    Willkommen.
    [vilkomın]

Boş yeriniz var mı?
    Haben Sie Platz?
    [ha:bın zi: plats]

Kaç kişisiniz?
    Wie viele Personen sind Sie?
    [vi: fi:lı perzo:nın zint zi:]

Biz 3 kişiyiz.
    Wir sind 3 Personen.
    [vi:r zint dray perzo:nın]

Size 8 no'lu masayı vereyim.
    Ich gebe Ihnen Nummer 8.
    [ih ge:bı i:nın numır aht]

b) Sipariş alma - verme :

Ne alırdınız?
   Was nehmen Sie?
   [vas ne:mın zi:]

Ne içmek istersiniz?
   Was möchten Sie trinken?
   [vas möhtın zi: trinkın]

Bize 2 viski getirin!
   Bitte, bringen Sie uns 2 Glas Whisky!
   [bitı bringın zi: uns tsvay gla:z viski]

Bir şişe Bira istiyoruz.
   Wir möchten eine Flasche Bier.
   [vi:r möhtın aynı flaşı bi:r]

Oldukça iyi.
   Schmeckt gut.
   [şmekt gu:t]

Ben bir şarap sipariş vermek istiyorum.
   Ich möchte einen Wein bestellen.
   [ih möhtı aynın vayn bıştelın]

Garson!
  Herr Ober!
  [her-o:bır]

Lütfen konyak getirir misin!
  Bitte, bring mir Kognak!
  [bitı brink mi:r konyak]

Yanında su mu yoksa soda mı alırsınız?
  Was möchten Sie dabei, Wasser oder Soda?
  [vas möhtın zi: dabay vasır odır zo:da]

Bir su ve bir de soda.
  Einmal Wasser und einmal Soda.
  [aynma:l vasır unt aynma:l zo:da]

Çerez alır mıydınız?
  Möchten Sie Trockenfrüchte?
  [möhtın zi: trokınfrühtı]

Hayır, teşekkürler, biraz meyve alalım.
Nein, danke, wir möchten Früchte
[nayn dankı vi:r möhtın frühtı]

Ne meyveleriniz var?
Was für Früchte haben Sie?
[vas fü:r frühtı ha:bın zi:]

Elma, kayısı, şeftali, kiraz var.
Wir haben Apfel, Aprikose, Pfirsich und Kirsche.
[vi:r ha:bın apfıl apriko:zı pfirzih unt kirşı]

Öyleyse bize elma ve kayısı getirin!
Also, bitte, bringen Sie uns Apfel und Kirsche.
[alzo: bitı bringın zi: uns apfıl unt kirşı]

Garson, duble rakı lütfen!
Herr Ober, bitte, Dublee-Schnaps(Raki)!
[her-o:bır bitı duble şnaps(raki)]

Bana bir cin-tonik!
Bring mir Gin-Tonikum!
[bring mi:r cin tonikum]

Derhal, limon da ister misiniz?
Sofort mein Herr, möchten Sie auch Zitrone?
[zofort mayn her möhtın zi: auh tsitro:nı]

Hayır, limonsuz lütfen!
  Nein, ohne Zitrone bitte!
  [nayn o:nı tsitro:nı bitı]

Başka bir arzunuz var mı?
  Möchten Sie etwas sonst noch?
  [möhtın zi: etvas zonst noh]

Evet, 2 kahve ve hesap lütfen!
  Ja, 2 Kaffee und Rechnung, bitte!
  [ya: tsvay kafe: unt rehnung bitı]

İçki listesini görebilir miyim?
  Kann ich die Getränke-Liste ansehen?
  [kan-ih di gıtrenkı listı anze:ın]

GETRÄNKEKARTE

Kaffee, schwarz	DM 1,50
Kaffee mit Milch	DM 1,50
Tee	DM 1,50
1 Glas Milch	DM 1,20
1 Glas Orangensaft	DM 1,80
1 Glas Tomatensaft	DM 1,60
1 Glas Grapefruitsaft	DM 1,80
Cola	DM 1,50
Bier	DM 1,40
Wein, ¼ l	DM 3,80
Whisky	DM 5,00
Kognak	DM 4,00

Alkolsüz olarak ne var?
   Was haben Sie als Alkoholfrei?
   [vas ha:bın zi: als alkoholfray]

Meyve suyu, soda, çay, kahve ve su.
   Saft, Soda, Tee, Kaffee und Wasser.
   [zaft zo:da te: kafe: unt vasır]

Ben bir meyve suyu kokteyli istiyorum.
   Ich möchte einmal Saft-Cocktail.
   [ih möhtı aynma:l zaftkokteyl]

Alkollü mü alkolsüz mü?
   Alkoholhaltig oder alkoholfrei?
   [alkoholhaltih odır alkoholfray]

Çok az alkollü.
   Mit weniger Alkohol.
   [mit ve:nigır alkohol]

Snack-bar'da yer var mı?
   Gibt es in Snack-Bar Platz?
   [gipt es in snek ba:r plats]

Evet, iki kişilik var.
   Ja, für 2 Personen gibt es.
   [ya: fü:r tsvay perzo:nın gipt es]

Barmen, 2 votka ve çerez lütfen!
Barkeeper, 2 Wodka und Trockenfrüchte, bitte!
[ba:rki:pır tsvay vodka unt trokınfrühtı bitı]

Peki efendim, soğuk birşeyler alır mıydınız?
Ja, mein Herr, möchten Sie etwas kaltes zum Essen?
[ya: mayn her möhtın-zi: etvas kaltıs tsum esın]

Hayır, teşekkürler.
Nein, danke.
[nayn dankı]

Ben bir paket sigara istiyorum.
Ich möchte ein Schachtel Zigarette.
[ih möhtı ayn şahtıl tsigaretı]

Hangi marka olsun?
Welche Marke?
[velhı markı]

"Parliament" var mı?
Haben Sie Parliament?
[ha:bın zi: parlament]

Evet efendim, buyrun.
Ja, mein Herr, bitte.
[ya: mayn her bitı]

Bir duble daha alır mısınız?
　Möchten Sie noch ein Dublee?
　[möhtın zi: noh ayn duble]

Hayır, teşekkürler!
　Nein, danke!
　[nayn dankı]

Ne kadar ödemem gerekiyor?
　Wieviel muß ich bezahlen?
　[vi:fi:l mus-ih bıtsa:lın]

Hepsi 45 mark yapıyor.
　Alles macht 45 DM.
　[alıs maht fünfuntfi:rtzih mark]

Buyrun, üstü kalsın!
　Bitte, behalten Sie den Rest!
　[bitı bıhaltın zi: de:n rest]

Çok teşekkürler efendim.
　Vielen Dank mein Herr.
　[fi:lın dank mayn her]

c) Şikayetler :

Meyve bayat.
Früchte sind alt.
[frühtı zint alt]

Garson, Bira soğuk değil!
Herr Ober, Bier ist nicht kalt!
[her o:bır bi:r ist niht kalt]

Özür dilerim, değiştirelim.
Oh, Pardon, wir umtauschen das.
[o: pardon vi:r umtauşın das]

Bardak temiz değil.
Glas ist nicht sauber.
[gla:z ist niht zaubır]

Hemen geri alalım.
   Wir nehmen sie zurück.
   [vi:r ne:mın zi: tsurük]

Buz yok mu?
   Gibt es kein Eis?
   [gipt es kayn ayz]

Üzgünüm.
   Es tut mir Leid.
   [es tu:t mi:r layt]

Şarap çok ekşi (tatlı)
   Wein ist zu sauer (süß)
   [vayn ist tsu zauır (zü:s)]

Şarap pek iyi değil.
   Wein ist nicht gut.
   [vayn ist niht gu:t]

d) Resimli sözcükler :

Bardak
das Glas
[das gla:z]

Kadeh
das Trinkglas
[das trinkgl:z]

Şerefe
Prosit
[prozit]

Çerez
die Trockenfrüchte
[di trokınfrühtı]

İçki listesi
die Getränkeliste
[di gıtrenkılistı]

Bardak altı
die Untertasse
[di untırtası]

Servis
das Besteck
[das bıştek]

Şişe
die Flasche
[di flaşı]

Meze
der Imbiß
[de:r imbis]

Sarhoş
betrunken / blau
[bıtrunkın] [blau]

Şarap
der Wein
[de:r vayn]

Bira
das Bier
[das bi:r]

e) Örnek Dialog :

BARDA

- İyi günler, hoşgeldiniz.

- Teşekkürler. Nereye oturabiliriz?

- Burası boş.

- Ne içerdiniz?

- İki viski ve kuruyemiş.

- Derhal efendim, başka yiyecek bir şey ister misiniz?

- Ne alabiliriz?

- Soğuk ve sıcak çeşitlerimiz var.

- Karides kokteyl var mı?

- Var efendim.

- Garson bira!

- Hemen getiriyorum.

- Üç kahve ve hesap lütfen!

- Buyrun, hesabınız.

- Üstü kalsın!

- Afiyet olsun, teşekkürler.

IN DER BAR

- Guten Tag, Willkommen.

- Danke schön, wohin können wir uns setzen?

- Bitte, dieser Platz ist frei.

- Was möchten Sie trinken?

- 2 Glas Whisky und Trockenfrüchte.

- Sofort mein Herr, möchten Sie sonst etwas zum Essen?

- Was können wir nehmen?

- Wir haben kalt- und warme Arten.

- Gibt es Krabbencocktail?

- Ja, mein Herr.

- Herr Ober, Bier!

- Ich bringe sofort.

- 3 Kaffee und zahlen, bitte!

- Bitte, Ihre Rechnung!

- Behalten Sie den Rest!

- Guten Appetit und danke schön.

F) GENEL ALMANCA BİLGİSİ :

a) Sayılar :

1 bir
eins
[ayns]

2 iki
zwei
[tsvay]

3 üç
drei
[dray]

4 dört
vier
[fi:r]

5 beş
fünf
[fünf]

6 altı
sechs
[zeks]

7 yedi
sieben
[zi:bın]

1. birinci
erste
[erstı]

2. ikinci
zweite
[tsvaytı]

3. üçüncü
dritte
[dritı]

4. dördüncü
vierte
[fi:rtı]

5. beşinci
fünfte
[fünftı]

6. altıncı
sechste
[zekstı]

7. yedinci
siebte
[zi:btı]

8 sekiz
acht
[aht]

9 dokuz
neun
[noyn]

10 on
zehn
[tse:n]

11 onbir
elf
[elf]

12 oniki
zwölf
[tsvölf]

13 onüç
dreizehn
[draytse:n]

14 ondört
vierzehn
[fi:rtse:n]

8. sekizinci
achte
[ahtı]

9. dokuzuncu
neunte
[noyntı]

10. onuncu
zehnte
[tse:ntı]

11. onbirinci
elfte
[elftı]

12. onikinci
zwölfte
[tsvölftı]

13. onüçüncü
dreizehnte
[draytse:ntı]

14. ondördüncü
veirzehnte
[fi:rtse:ntı]

15 onbeş
fünfzehn
[fünftse:n]

16 onaltı
sechszehn
[zekstse:n]

17 onyedi
siebzehn
[zibtse:n]

18 onsekiz
achtzehn
[ahtse:n]

19 ondokuz
neunzehn
[noyntse:n]

20 yirmi
zwanzig
[tsvantsih]

30 otuz
dreißig
[draysih]

15. onbeşinci
fünfzehnte
[fünftse:ntı]

16. onaltıncı
sechszehnte
[zekstse:ntı]

17. onyedinci
siebzehnte
[zibtse:ntı]

18. onsekizinci
achtzehnte
[ahtse:ntı]

19. ondokuzuncu
neunzehnte
[noyntse:ntı]

20. yirminci
zwanzigste
[tsvantsihstı]

30. otuzuncu
dreisigste
[draysihstı]

40 kırk
vierzig
[fi:rtsih]

50 elli
fünfzig
[fünftsih]

60 altmış
sechszig
[zekstsih]

70 yetmiş
siebzig
[zi:btsih]

80 seksen
achtzig
[ahtsih]

90 doksan
neunzig
[noyntsih]

100 yüz
Hundert
[hundırt]

40. kırkıncı
vierzigste
[fi:rtsihstı]

50. ellinci
fünfzigste
[fünftsihstı]

60. altmışıncı
sechszigste
[zekstsihstı]

70. yetmişinci
siebzigste
[zi:btsihstı]

80. sekseninci
achtzigste
[ahtsihstı]

90. doksanıncı
neunzigste
[noyntsihstı]

100. yüzüncü
hundertste
[hundırtstı]

Sayılardan 1' den 20' ye kadar olanları yukarıda verildiği gibidir. 20' den sonraki sayılarda önce ikinci rakam okunur araya UND konur daha sonra da onlar hanesindeki rakam okunur.

ÖRNEK :

21: Burada önce "BİR" okunur "EIN" daha sonra araya "UND" konur "EINUND" daha sonra da "YİRMİ" okunur "ZWANZIG", "EINUNDZWANZIG" elde edilir.

47: Önce "YEDİ" "SIEBEN" sonra "UND", "SIEBEN UND", daha sonra "KIRK", "VIERZIG" hepsi yanyana okunur ve "SIEBENUNDVIERZIG" elde edilir.

1 000 bin
Tausend
[tauzınt]

10 000 on bin
zehntausend
[tse:ntauzınt]

100 000
yüz bin
hunderttausend
[hundırttauzınt]

1 000 000
bir milyon
eine Million
[aynı milyo:n]

1 000 000 000
bir milyar
eine Milliarde
[aynı milyardı]

1 000 000 000 000
bir trilyon
ein Trillion
[ayn trilyo:n]

b) Zamanların ifade edilmesi :

zaman
die Zeit
[di tsayt]

süre
das Termin
[das termi:n]

saniye
die Sekunde
[di zekundı]

dakika
die Minute
[di minu:tı]

saat
die Stunde
[di ştundı]

gün
der Tag
[de:r ta:k]

hafta
die Woche
[di vohı]

ay
der Monat
[de:r mo:nat]

mevsim
die Jahreszeit
[di ya:rıstsayt]

yıl
das Jahr
[das ya:r]

b-1) günler :

Pazartesi	Montag [mo:nta:k]
Salı	Dienstag [di:nsta:k]
Çarşamba	Mitwoch [mitvoh]
Perşembe	Donnerstag [donırsta:k]
Cuma	Freitag [frayta:k]
Cumartesi	Samstag / Sonnabend [zamsta:k] [zon-a:bınt]
Pazar	Sonntag [zonta:k]

b-2) mevsimler :

İlkbahar	Frühling [frü:link]
Yaz	Sommer [zomır]
Sonbahar	Herbst [herpst]
Kış	Winter [vintır]

b-3) aylar :

Ocak	Januar [yanua:r]
Şubat	Februar [februa:r]
Mart	März [merts]
Nisan	April [april]
Mayıs	Mai [may]
Haziran	Juni [ju:ni]
Temmuz	Juli [ju:li]
Ağustos	August [august]
Eylül	September [zeptembır]
Ekim	Oktober [okto:bır]
Kasım	November [novembır]
Aralık	Dezember [detsembır]

b-4) zamanla ilgili diğer terimler:

Ne zaman?
wann?
[van]

Saat kaçta?
Um wieviel Uhr?
[um vi:fi:l u:r]

Sabah
der Morgen
[de:r mo:rgın]

Öğle
der Mittag
[de:r mita:k]

Öğleden sonra
der Nachmittag
[de:r nahmita:k]

Akşam
der Abend
[de:r a:bınt]

Gece
die Nacht
[di naht]

Gece yarısı
die Mitternacht
[di mitırnaht]

Dün
gestern
[gestırn]

Bugün
heute
[hoytı]

Yarın
morgen
[mo:rgın]

Yarın değil öbürgün
übermorgen
[ü:bırmo:rgın]

Geçen hafta
vorige Woche
[fo:rıgı vohı]

Gelecek hafta
nächste Woche
[ne:hstı vohı]

Geçen ay
voriger Monat
[fo:rigır mo:nat]

Gelecek ay
nächster Monat
[ne:hstır mo:nat]

Geçen yıl
voriges Jahr
[fo:rigıs ya:r]

Gelecek yıl
nächstes Jahr
[ne:hstıs ya:r]

b-5) saatler :

Saat kaç?
Wieviel Uhr ist es jetzt?
[vi:fi:l u:r ist es yetst]

(veya aynı soruyu şöyle de sorabiliriz)

Wie spät ist es?
[vi: şpe:t ist es]

Saat 8'i 20 geçiyor.
Es ist 20 nach 8.
[es ist tsvansih nah aht]

Saat 10'a 5 var.
Es ist 5 vor 10.
[es ist fünf fo:r tse:n]

Saatlere cevap verilirken önce "geçe veya kala" hangisini kullanıyorsak onu, yani dakikayı söyler, arkasından "geçiyor" ise NACH, "var" ise VOR kullanır ve daha sonra da saati söyleriz. Kalıp şu şekildedir.

```
                    VOR
ES IST ......(dakika)......    ......(saat)...... .
                   NACH
```

Kala
vor
[fo:r]

geçiyor
nach
[nah]

çeyrek
Viertel
[fi:rtıl]

buçuk
halb
[halp]

Wieviel Uhr ist es jetzt?
[vi:fi:l u:r ist es yetst]

Es ist 3 Uhr
[es ist dray u:r]

Es ist 5 Minuten nach 3.
[es ist fünf minu:tın nah dray]

Es ist Viertel nach 5.
[es ist fi:rtıl nah fünf]

Es ist halb 8.
[es ist halp aht]

Es ist Viertel vor 12.
[es ist fi:rtıl fo:r tsvölf]

Es ist 5 Minuten vor 12.
[es ist fünf minu:tın fo:r tsvölf]

Türkçede saatlerde, saat ... de , ... da derken kullanılan "de, da" ifadeleri Almancada UM ile verilir.

ÖRNEK :

Saat 3 te   um 3 Uhr [um dray u:r]
Saat 9 da   um 9 Uhr [um noyn u:r]

Bir başka özellik ise buçuklarda bulunmaktadır. Örneğin saat " 3 buçuk " denilirken bir ileri saat kullanılır. Yani "yarım dört" denilir.

ÖRNEK :

Saat üç buçuk   Es ist halb 4 [es ist halp fi:r]
Saat on buçuk   Es ist halb 11 [es ist halp elf]

Ayrıca saatleri 18.15; 21.10; 9.20; v.s. biçiminde sayısal olarak okurken Almancada aşağıdaki ifade biçimi kullanılır.

ÖRNEK :

18.15 Achtzehn Uhr fünfzehn [ahtse:n u:r fünftse:n]
21.10 Einundzwanzig Uhr zehn [aynunttsvansih u:r tse:n]
09.20 Neun Uhr zwanzig [noyn u:r tsvantsih]
11.00 Elf Uhr [elf u:r]
22.58 Zweiundzwanzig Uhr achtundfünfzig
  [tsvayunttsvanzih u:r ahtuntfünftsih]
0.00 Mitternacht [mitırnaht]
17.30 Siebzehn Uhr dreißig [zi:btse:n u:r draysih]

Wann kommt Heinz?
[van komt haynts]

Heinz kommt um 3 Uhr.
[haynts komt um dray u:r]

Heinz kommt um 5 Minuten nach 3.
[haynts komt um fünf minu:tın nah dray]

Heinz kommt um Viertel nach 5.
[haynts komt um fi:rtıl nah fünf]

c) Ülkeler, insanları ve dilleri :

ÜLKELER	İNSANLARI		DİLLERİ
	(ERKEK)	(KADIN)	
Ägypten Mısır	Ägypter	Ägypterin	Arabisch
Albanien Arnavutluk	Albanier	Albanierin	Albanisch
Algerien Cezayir	Algerier	Algerierin	Arab. Frans.
Amerika Amerika	Amerikaner	Amerikanerin	Englisch
Arabien Arabistan	Araber	Arabin	Arabisch
Argentinien Arjantin	Argentinier	Argentinierin	Spanisch
Athiopien Etiyopya	Athiopier	Athiopierin	Amharisch
Australien Avustralya	Australier	Australierin	Englisch

Belgien Belçika	**Belgier**	**Belgierin**	**Hollandisch/Frans.**
Bolivien Bolivya	**Bolivianer**	**Bolivianerin**	**Spanisch**
Brasilien Brezilya	**Brasilianer**	**Brasilianerin**	**Portugiesisch**
Bulgarien Bulgaristan	**Bulgare**	**Bulgarin**	**Bulgarisch**
Chile Şili	**Chilene**	**Chilenin**	**Spanisch**
China Çin	**Chinese**	**Chinesin**	**Chinesisch**
Dänemark Danimarka	**Däne**	**Dänin**	**Dänisch**
Deutschland Almanya	**Deutscher**	**Deutsche**	**Deutsch**
England İngiltere	**Engländer**	**Engländerin**	**Englisch**

Finnland Finlandiya	**Finne**	**Finnin**	**Finnisch**
Frankreich Fransa	**Franzose**	**Franzosin**	**Französisch**
Griechenland Yunanistan	**Grieche**	**Griechin**	**Griechisch**
Holland Hollanda	**Hollander**	**Hollanderin**	**Hollandisch**
Irak Irak	**Iraker**	**Irakerin**	**Arabisch**
Iran İran	**Iraner**	**Iranerin**	**Persisch**
Irland İrlanda	**Ire**	**Irin**	**Englisch**
Island İzlanda	**Islander**	**Islanderin**	**Isländisch**
Luxemburg Lüksemburg	**Luxemburger**	**Luxemburgerin**	**Deutsch/Frans.**

Norwegen Norveç	Norweger	Norwegerin	Norwegisch
Österreich Avusturya	Österreicher	Österreicherin	Deutsch
Polen Polonya	Pole	Polin	Polnisch
Portugal Portekiz	Portugiese	Portigiesin	Portugiesisch
Rumänien Romanya	Rumäne	Rumänin	Rumänisch
Russland Rusya	Russe	Russin	Russisch
Schottland İskoçya	Schotte	Schottin	Englisch
Schweden İsveç	Schwede	Schwedin	Schwedisch
Schweiz İsviçre	Schweizer	Schweizerin	Deut. Eng. Ital.

Sowjetunion Sovyetler Birliği	Sowjetbürger	Sowjetbürgerin	Russisch
Spanien İspanya	Spanier	Spanierin	Spanisch
Türkei Türkiye	Türke	Türkin	Türkisch
Ungarn Macaristan	Ungar	Ungarin	Ungarisch

Fransız

d) Paralar :

d-1) para :

Para
das Geld
[das gelt]

Kağıt para
Papiergeld
[papi:rgelt]

Madeni para
Münze
[müntsı]

Çek
Scheck
[şek]

Döviz kuru
Devisenkurs
[devi:zınkurs]

Para vermek
Geld geben
[gelt ge:bın]

Seyahat çeki
Reisescheck
[rayzışek]

Yabancı para
fremdes Geld
[fremdıs gelt]

Bozuk para
Kleingeld
[klayngelt]

Nakit para
Bargeld
[ba:rgelt]

Para birimi
Kurs
[kurs]

Para değiştirmek
wechseln
[veksıln]

Ödemek
bezahlen
[bıtsa:lı]

Kredi kartı
Kreditkarte
[kreditka:rtı]

d-2) Para birimleri :

Türk Lirası
türkische Lira
[türkişı li:ra]

Avustralya doları
australien Dollar
[austra:liın dola:r]

Batı Alman markı
deutsche Mark
[doyçı mark]

Danimarka Kuronu
dänische Kurone
[denişı kuro:nı]

İsveç Kuronu
schwedische Kurone
[şve:dişı kuro:nı]

İsviçre Frangı
schweizer Frank
[şvaytsır frank]

Japon Yeni
japanisches Yen
[yapa:nişıs ye:n]

Amerikan Doları
amerikanischer Dollar
[amerika:nişır dola:r]

Avusturya Şilini
österreicher Schilling
[östırrayhır şiling]

Belçika Frangı
belgischer Frank
[belgişır frank]

Fransız Frangı
französischer Frank
[frantso:zişır frank]

Sterlin
Pfund
[pfunt]

İtalyan Lireti
italienischer Lirett
[italye:nişır liret]

Kanada Doları
kanadischer Dollar
[kana:dişır dola:r]

LUGATÇE

Bu bölümde meslekler dizisine ilişkin, günlük konuşmalarda en çok kullanılan sözcükler ve Almancaları verilmiştir.

Önce sözcüğün Türkçeleri vardır, hizasında ise Almancadaki anlamı verilmiş ve eğer isimse, hemen yanında **r, e, s** gibi (der, die, das) Artikelleri gösterilmiş, ondan sonra da telaffuzları verilmiştir.

Eğer sözcüğün ikinci bir anlamı daha varsa, o da virgül ile ayrılıp aynı şekilde ikinci sırada belirtilmiştir.

A

abide	Denkmal s [denkma:l]
acemi	Anfänger(in e) r [anfengır]
acente	Agentur e [agentu:r], Vertreter r [fertre:tır]
açık	offen [ofın], klar [kla:r], hell [hel]
ad	Name r [na:mı]
ada	Insel r [insıl]
adam	Mann r [man]; Mensch r [menş]
adet	Stück s [ştük], Anzahl e [antsa:l]
adım	Schritt r [şrit]
adliye	Justiz e [yusti:ts]
adres	Adresse e [adresı], Anschrift r [anşrift]
affetmek	entschuldigen [entşuldıgın]
affedersiniz	Entschuldigen Sie! [entşuldıgın zi:], Verzeihung! [fertsayung]
afiyet olsun	guten Appetit! [gu:tın apeti:t]
ağaç	Baum r [baum]
ağır	schwer [şve:r]; schwerwiegend [şve:rvi:gınt]
ağırlamak	bewirten [bıvirtın]
ağız	Maul s [maul], Mund r [munt]
ağlamak	weinen [vaynın]
ağrı	Schmerz r [şmerts], Beschwerde e [bışve:rdı]
ağrımak	schmerzen [şmertsın]
ağustos	August r [august]
ahçı	Koch r [koh]

ahize	Hörer r [hö:rır]
aile	Familie e [fami:liı]
ajanda	Notizbuch s [notisbu:h]
ak	weiß [vays]
Akdeniz	Mittelmeer s [mitılme:r]
akraba	Verwandte(r) e(r) [fervandtı]
akrep	Skorpion r [skorpyo:n]
aksırık	Niesen s [ni:zın]
akşam	Abend r [a:bınt]
akşam yemeği	Abendessen s [a:bıntesın]
akşamları	abends [a:bınts]
akşamleyin	abends [a:bınts], am Abend [am-a:bınt]
aktarma yapmak	umsteigen [umştaygın]
aktör	Schauspieler r [şauşpi:lır]
aktris	Schauspielerin e [şauşpi:lırin]
aktüalite	Aktualität e [aktualite:t]
akü	Batterie e [bateri:], Akkumulator r [akumulato:r]
akvaryum	Aquarium s [akvaryu:m]
al	rot [ro:t]
alabalık	Forelle e [forelı]
alaka	Interesse s [interesı]
alan	Feld s [felt]; Gebiet s [gıbi:t]; Platz r [plats]
alarm	Alarm r [alarm]
alçak	niedrig [ni:drih]
alet	Gerät s [gere:t]
alev	Flamme e [flamı]
alfabetik	alphabetisch [alfabe:tiş]
alıcı	Empfänger r [empfengır]
alışveriş	Handel r [handıl]

alışveriş yapmak	einkaufen [aynkaufın]
Alkol	Alkohol r [alkoho:l]
alkolik	Alkoholiker(in e) r [alkoho:likır]
alkollü	alkoholisch [alkoho:liş]
alkollü içkiler	Spiritousen [spirito:zın]
alkolsüz	alkoholfrei [alkoho:lfray]
Allah	Gott r [got]
almak (satın)	kaufen [kaufın]
Alman	Deutsche(r) [doyçı]
Almanca	Deutsch s [doyç]
Almanya	Deutschland s [doyçlant]
alt	Unterseite e [untırzaytı], Boden r [bo:dın]
altı	sechs [zeks]
altın	Gold s [golt]; golden [goldın]
altmış	sechzig [zehtsih]
ama	aber [a:bır]
ambalaj	Packung e [pakung];Verpackung e [ferpakung]
amblem	Emblem s [emblım], Sinnbild s [zinbilt]
ambulans	Krankenwagen r [krankınva:gın]
amca	Onkel r [onkıl]
ameliyat	Operation e [operasyo:n]
ameliyat etmek	operieren [operi:rın]
Amerikalı	Amerikaner(in e) r [amerika:nır]
Amerikan	amerikanisch [amerika:niş]
ampul	Birne e [birnı]
an	Augenblick r [augınblik],Moment r [momınt]
ana	Mutter e [mutır]
anadili	Muttersprache e [mutırşprahı]

Anadolu	Anatolien [anato:liın]
anahtar	Schlüssel r [şlüsıl]
anamal	Kapital s [kapital]
ananas	Ananas e [ananas]
anavatan	Heimat e [hayma:t], Mutterland s [mutırlant]
anayasa	Grundgesetz s [gruntgızets]
ancak	aber [a:bır]
anı	Erinnerung e [er-inırung]; Gedächtnis s [gıdehtnis]
anıt	Denkmal s [denkma:l]
ani	plötzlich [plötslih], augenblicklich [augınbliklih]
anlam	Bedeutung e [bıdoytung], Sinn [zin]
anlamak	verstehen [ferşte:ın]
anlaşılır	deutlich [doytlih]
anlaşmak	sich gegenseitig verstehen [zih ge:gınzaytih ferşte:ın]
anlayış	Verständis s [ferştentnis]
anne	Mutter e [mutır]
anonim şirket	Aktiengesellschaft e [aksiıngızelşaft]
anons	Durchsage e [durhza:gı]
anons etmek	ankündigen [ankündigın]
ansızın	plötzlich [plötslih]
ansiklopedi	Konversationslexikon s [konverzatsyo:nsleksikon]
antepfıstığı	Pistazie e [fistatsiı]
antika	Antiquität e [antikvite:t]
antikacı	Antiquitätenhändler r [antikvite:thentlır]

antre	Eingang r [ayngang]
apandisit	Blinddarmentzündung e [blintarmentsündung]
aperitif	Aperitif r [aperiti:f]
aptal	dumm [dum]
ara sıra	ab und zu [ap unt tsu]
araba	Wagen r [va:gın]
araç	Mittel s [mitıl]
aramak	suchen [zu:hın]
Arap	Araber(in e) r [ara:bır]
Arapça	Arabisch s [ara:biş]
Argo	Fachsprache e [fahşpra:hı],Argot s [argo:t]
arıza	Defekt r [dıfekt]; Panne e [panı]
arka	Rücken r [rükın]; Rückseite e [rükzaytı]
arkadaş	Freund(in e) r [froynt]
arkeoloji	Archäologie e [arheolo:gi:]
armağan etmek	schenken [şenkın]
armut	Birne e [birnı]
arslan	Löwe r [lö:vı]
artist	Schauspieler(in e) r [şauşpi:lır]
arzu	Wunsch r [vunş]
arzu etmek	wünschen [vünşın]
asansör	Aufzug r [auftsu:k]
asker	Soldat r [zolda:t]
askı	Kleiderbügel r [klaydırbü:gıl]; Haken r [ha:kın]
asla	nie [ni:]
Asya	Asien s [a:ziın]
aşçı	Koch r [koh]
aşı	Impfung e [impfung]

âşık	Liebhaber r [li:pha:bɪr]
aşırı	extrem [ekstrem]
aşk	Liebe e [li:bı]
ateş	Feuer s [foyır]
atkı	Schal r [şal]
atmak	werfen [verfın]
atölye	Werkstatt e [verkştat]
av	Jagd e [yakt]
avize	Kronleuchter r [kro:nloyhtır]
Avrupa	Europa s [oyropa]
avukat	Rechtsanwalt r [rehtsanvalt]
Avustralya	Australien s [austra:liın]
Avustralyalı	Australier(in e) r [austra:liır]
Avusturya	Österreich s [ö:stırrayh]
Avusturyalı	Österreicher(in e) r [ö:stırrayhır]
ay	Mond r [mont]; Monat r [mo:na:t]
ayakkabı	Schuh r [şu:]
ayakkabı numarası	Schuhgröße e [şu:grö:sı]
ayakkabıcı	Schuhmacher r [şu:mahır]
ayık	nüchtern [nühtırn]
ayılmak	wieder zu sich kommen [vi:dır tsu zih komın]
ayna	Spiegel r [şpi:gıl]
aynı	gleich [glayh]
ayran	türkisches Joghurtgetränk [türkişıs yogurtgıtrenk]
ayva	Quitte e [kuvitı]
az	wenig [ve:nih]

B

baba	Vater r [fa:tır]
badem	Mandel e [mandıl]
bagaj	Gepäck s [gıpek]
bağırmak	schreien [şrayın]
bağlamak	anbinden [anbindın]; befestigen [bıfestigın]
bağlantı	Anschluß r [anşlus]
bahar	Frühling r [frü:ling]
bahar(at)	Gewürz s [gıvürts]
bahçe	Garten r [ga:rtın]
bahçıvan	Gärtner r [gertnır]
bahşiş	Trinkgeld s [trinkgelt]
bakan	Minister r [ministır]
bakıcı	Pfleger(in e) r [pfle:gır]
bakımlı	gepflegt [gıpfle:kt]
bakımsız	ungepflegt [ungıpfle:kt]
bakır	Kupfer s [kupfır]
bakkal	Lebensmittelgeschäft s [le:bınsmitılgışeft]
bal	Honig r [ho:nih]
balık	Fisch r [fiş]
balıkçı	Fischer r [fişır]
balkon	Balkon r [balko:n]
bamya	Okra e [okra]
bank	Sitzbank e [zitsbank]
banka	Bank e [bank]
banyo	Bad s [ba:t]
bar	Bar e [ba:r]
bardak	Glas s [gla:s]

barış	Friede(n) r [fri:dı]
barmen	Barmann r [ba:rman]
baston	Spazierstock r [şpatsiırştok]
baş	Kopf r [kopf]
başarmak	gelingen [gılingın], Erfolg haben [erfolk ha:bın]
başbakan	Ministerpräsident r [ministırprezident]
başka	andere(r, s) [andırı]
başkonsolosluk	Generalkonsulat s [genera:lkonzula:t]
başvurmak	sich melden [zih meldın]
batı	West [vest]
Batı Almanya	Westdeutschland s [vestdoyçlant]
bavul	Koffer r [kofır]
bay	Herr r [her]
bayan	Frau e [frau]
bayım!	mein Herr! [mayn her]
bayram	Fest s [fest]
bazen	manchmal [manhma:l]
bebek	Kleinkind s [klaynkind]
bedava	kostenlos [kostınlo:z]
beğenmek	gefallen [gıfalın]
bekâr	ledig [le:dih]
beklemek	warten [vartın]
Belçika	Belgien s [belgiın]
belediye	Stadtverwaltung e [ştadtfervaltung]
belge	Dokument s [dokument]
belki	vielleicht [filayht]
ben	ich [ih]
benzemek	ähneln [e:nıln], gleichen [glayhın]
benzin	Benzin s [bentsi:n]

beraber	zusammen [tsuzamın]
berbat	schmutzig [şmutsih]
berber	Friseur r [frizö:r]
beyaz	weiß [vays]
bezelye	Erbse e [erpsı]
bıçak	Messer s [mesır]
bıldırcın	Wachtel r [vahtıl]
biber	Pfeffer r [pfefır]
biberon	Flasche e [flaşı]
biftek	Beefsteak s [bi:fsteyk]
bikini	Bikini s [bikini]
bilet	Fahrkarte e [fa:rkartı]
bilezik	Armband s [armbant]
bilgisayar	Computer r [kompyu:tır]
bilmek	wissen [visın]
bin	tausend [tauzınt]
binmek	einsteigen [aynştaygın]
bir	eins [ayns]
bir şey değil	bitte sehr! [bitı ze:r]
bira	Bier s [bi:r]
birazcık	sehr wenig [ze:r ve:nih]
birçok	viel [fi:l]
birkaç	einige [aynigı]
birlikte	zusammen [tsuzamın]
bisküvi	Keks r [keks]
bitirmek	beenden [bıendın]
bitpazarı	Trödelmarkt r [trö:dılmarkt]
biz	wir [vi:r]
blucin	Jeans [ci:ns]
bluz	Bluse e [blu:zı]
Boğaziçi	Bosporus r [bospo:rus]
bol	reichhaltig [rayhhaltih]

bol şanslar	viel Glück! [fi:l glük]
boncuk	Perle e [perlı]
bonfile	Filet s [file:]
boş	leer [le:r]
bot	Boot s [bo:t]
boyun	Hals r [halz]
bozmak	kaputtmachen [kaputmahın]
bozuk	kaputt [kaput]
böbrek	Niere e [ni:rı]
böcek	Käfer r [ke:fır]
böcek ilacı	Insektenmittel s [inzektınmitıl]
börek	Pastete e [paste:tı]
bu	diese(r, s) [di:zı]
bugün	heute [hoytı]
bugünkü	heutig [hoytih]
bugünlerde	heutzutage [hoytsuta:gı]
bulantı	Brechreiz r [brehrayts]
bulgur	Weizengrütze e [vaytsıngrütsı]
buluşmak	sich treffen [zih trefın]
burada	hier [hi:r]
burun	Nase e [na:zı]
buruşmak	Falten bilden [faltın bildın]
buruşuk	faltig [faltih]
buz	Eis s [ayz]
buz gibi	eiskalt [ayzkalt]
buzdolabı	Eisschrank r [ayzşrank], Kühlschrank r [kü:lşrank]
büyük	groß [gro:s]

C

cadde	Straße e [ştra:sı]
cam	Glasscheibe e [gla:zşaybı]
cami	Moschee e [moşe:]
cankurtaran	Krankenwagen r [krankınva:gın]
cazibe	Anziehungskraft e [antsi:ungskraft]
ceket	Jacke e [yakı]
centilmen	feiner Herr [faynır her]
cep	Tasche e [taşı]
cereyan	Strom r [stro:m]
cevap	Antwort e [antvort]
cevap vermek	antworten [antvortın]
cızbız	gegrillt [gıgrilt]
cici	hübsch [hübş]
ciddi	ernst [ernst]
ciğer	Leber e [le:bır]
cimnastik	Gymnastik e [gümnastik]
cin	Gin r [cin]
cins	Art e [art]
cinsel	geschlechtlich [gışlehtlih]
civar	Umgebung e [umge:bung]
coşmak	sich begeistern [zih bıgaystırn]
cömert	großzügig [gro:stsü:gih]
cuma	Freitag r [frayta:k]
cumartesi	Samstag r [zamsta:k], Sonnabend [zona:bınt]
cüzdan	Brieftasche e [bri:ftaşı]

Ç

çabuk	schnell [şnel]
çadır	Zelt s [tselt]
çağırmak	rufen [ru:fın]
çağlayan	Wasserfall r [vasırfal]
çağrı	Einladung e [aynla:dung]
çakırkeyif	angetrunken [angıtrunkın]
çakmak	Feuerzeug s [foyırtsoyk]
çalar saat	Wecker r [vekır]
çalışkan	fleißig [flaysih]
çalışmak	arbeiten [arbaytın]
çamaşır	Wäsche e [veşı]
çamaşırhane	Wäscherei e [veşıray]
çamfıstığı	Piniennuß e [piniınnus]
çanta	Tasche e [taşı], Mappe e [mapı]
çarçabuk	blitzschnell [blitsşnel]
çare	Mittel s [mitıl]
çarşaf	Bettuch s [bet-tuh]
çarşamba	Mittwoch r [mitvoh]
çarşı	Markt r [markt]
çatal	Gabel e [ga:bıl]
çavdar	Roggen r [rogın]
çavdar ekmeği	Schwarzbrot s [şvartsbro:t]
çay	Tee r [te:]
çaydanlık	Teekanne e [te:kanı]
çekici	anziehend [antsi:ınt]
çekilmek	sich zurückziehen [zih tsurüktsi:ın]
çekmece	Schublade e [şubla:dı]
çekmek	ziehen [tsi:ın]; anziehen [antsi:ın]
çene	Kiefer r [ki:fır]
çengelliiğne	Sicherheitsnadel e [zihırhaytsna:dıl]

çerez	Vorspeise e [fo:rşpayzı]
çeşit	Art e [art]
çeşme	Brunnen r [brunın]
çevre	Umgebung e [umge:bung]
çeyrek	Viertel s [fi:rtıl]
çıkış	Ausgang r [ausgang]
çılbır	Speise aus Eiern [şpayzı aus ayırn]
çıplak	nackt [nakt]
çırak	Lehrling r [le:rling]
çıtçıt	Druckknopf r [drukknopf]
çiçek	Blume e [blu:mı]
çiçekçi	Blumenhändler(in e) r [blu:mınhendlır]
çift	Paar s [pa:r]
çikolata	Schokolade e [şokola:dı]
çilek	Erdbeere e [ertbe:rı]
çilingir	Schlosser r [şlosır]
Çin	China s [hi:na]
çinakop	Blaufisch r [blaufiş]
çiş	Pipi s [pi:pi:]
çivi	Nagel e [na:gıl]
çizme	Stiefel r [şti:fıl]
çocuk	Kind s [kint]
çok	viel [fi:l]; sehr [ze:r]
çorap	Socke e [zokı]
çorba	Suppe e [zupı]
çöp	Abfall r [apfal]
çörek	Gebäck s [gıbek]
çünkü	denn [den], weil [vayl]
çürük	faul [faul], morsch [morş]

D

da	auch [auh]
dağınık	vereinzelt [ferayntselt]
daha	noch [noh]
daha iyi	besser [besır]
dahil	inbegriffen [inbıgrifın]
daimi	ständig [ştendih]
dakika	Minute e [minu:tı]
dalga	Welle e [velı]
damla	Tropfen r [tropfın]
dana	Kalb s [kalp]
dana eti	Kalbfleisch s [kalpflayş]
danışma	Information e [informatsyo:n]
dans	Tanz r [tants]
dansa kaldırmak	zum Tanz auffordern [tsum tants auffordırn]
dansöz	Tänzerin e [tentserin]
davet	Einladung e [aynla:dung]
defalarca	mehrmals [me:rmals]
defile	Modenschau r [mo:dınşau]
değil	nicht [niht]
değiştirmek	verändern [ferendırn]
demli	stark [ştark]
deneme	Probe e [pro:bı]
deniz	See e [ze:]
deniz kıyısı	Strand r [ştrant]
deniz yolculuğu	Seereise e [ze:rayzı]
denize girmek	baden [ba:dın]
dereotu	Dill r [dil]

dergi	Zeitschrift e [tsaytşrift], Magazin s [magatsi:n], Illustrierte e [ilustri:rtı]
derhal	sofort [zofort], gleich [glayh]
deri	Leder s [le:dır]
devre	Periode e [periyo:dı]
deyim	Redewendung e [re:dıvendung]
dezenfekte	desinfiziert [desinfitsi:rt]
dış	äußere(r, s) [oysırı]
dışarı	hinaus [hinaus]
dışarıda	draußen [drausın]
dışarıdan	von Außen [fon ausın]
dışarıya	hinaus [hinaus]
diğer	andere(r, s) [andırı]
dikkat	Achtung e [ahtung]
dikkatli	vorsichtig [fo:rzihtih]
dil	Sprache e [şprahı]; Zunge e [tsungı]
dilbalığı	Scholle e [şolı]
dilek	Wunsch r [vunş], Bitte e [bitı]
dilim	Schnitte e [şnitı]
dinlenmek	sich ausruhen [zih ausru:ın]
diskcokey	Diskjockey r [diskcokey]
diskotek	Diskothek e [diskote:k]
dispanser	Klinik e [klinik]
diş	Zahn r [tsa:n]
diş fırçası	Zahnbürste e [tsa:nbürstı]
diş macunu	Zahnpaste e [tsa:npastı]
diyet	Diät e [diet]
doğa	Natur e [natu:r]
doğmak	geboren werden [gıbo:rın vordın]
doğru	richtig [rihtih], gerade [gıra:dı]
doğu	ost [ost]

doğum tarihi	Geburtsdatum s [gıburtsda:tum]
doğum yeri	Geburtsort r [gıburtsort]
doğum yılı	Geburtsjahr s [gıburtsya:r]
doktor	Arzt r [artst]
dolap	Schrank r [şrank]
dolar	Dollar r [dola:r]
dolaşmak	spazierengehen [şpatsi:rınge:ın]
dünya	Welt e [velt]
dolma	farcierte Speise [farsi:rtı şpayzı]
domates	Tomate e [toma:tı]
donatmak	ausrüsten [ausrüstın]
dondurma	Speiseeis s [şpayzıayz]
dost	Freund r [froynt]
doymak	satt werden [zat ve:rdın]
doyurucu	befriedigend [bıfri:digınt]
dökmek	gießen [gi:sın]
döner kebap	Drehspießbraten r [dre:şpi:sbra:tın]
dört	vier [fi:r]
dörtyol	Kreuzung e [kroytsung]
döviz	Devisen [devi:zın]
dudak boyası	Lippenstift r [lipınştift]
durak	Haltestelle e [haltıştelı]
durmak	halten [haltın]
durum	Zustand r [tsuştant]
duş	Dusche e [duşı]
duş almak	sich duschen [zih duşın]
duvar	Wand e [vant], Mauer e [mauır]
duymak	hören [hö:rın]
düğme	Knopf r [knopf]
dükkân	Laden r [la:dın], Geschäft s [gışeft]
dün	gestern [gestırn]
dünkü	gestrig [gestrih]

dünya	Welt e [velt]
dürüstlük	Ehrlichkeit e [e:rlihkayt]
düş	Traum r [traum]
düşmek	fallen [falın]
düşünce	Meinung e [maynung]
düşünmek	denken [denkın]
düz	eben [e:bın], gerade [gıra:dı]
düzen	Ordnung e [ordnung]
düzenli	regelmäßig [re:gılmesih]
düzine	Dutzend s [dutsınt]

E

ebegümeci	Melve e [melvı]
ecnebi	fremd [fremt]
eczane	Apotheke e [apote:kı]
eder	Preis r [prays]
ee?	na und? [na unt]
efendim?	Wie bitte? [vi: bitı]
Ege	Ägäis e [egeis]
Ege denizi	das Ägäische Meer [das ege:işı me:r]
eğer	wenn [ven]
eğitim	Erziehung [ertsi:ung]
eğlence	Vergnügen s [fergnü:gın], Spaß r [şpas]
eğri büğrü	krumm und schief [krum unt şi:f]
eh	na ja! [na ya:]
ehliyet	Führerschein r [fü:rırşayn]

ek	Zusatz r [tsuzats]
eklemek	hinzufügen [hintsufü:gın]
ekmek	Brot s [bro:t]
eksik	fehlend [fe:lınt]
ekstra	extra [ekstra]
ekşi	sauer [zauır]
el	Hand e [hant]
elini çabuk tutmak	sich beeilen [zih bıaylın]
elbirliği	Zusammenarbeit e [tsuzamınarbayt]
elbise	Kleid s [klayt], Anzug r [antsu:k]
elbise askısı	Kleiderbügel e [klaydırbü:gıl]
elbise dolabı	Kleiderschrank r [klaydırşrank]
elbise fırçası	Kleiderbürste e [klaydırbürstı]
eldiven	Handschuh r [hantşu:]
elma	Apfel r [apfıl]
elmas	Diamant r [diyamant]
elveda	lebt wohl [le:pt vo:l]
emekli	pensioniert [penzyoni:rt]
emniyet	Sicherheit e [zihırhayt]
enfes	wunderbar [vundırba:r]
enginar	Artischocke e [artişokı]
erik	Pflaume e [pflaumı]
erkek	Mann r [man]
erken	früh [frü:]
eski	alt [alt]
esnaf	Kleinhändler r [klaynhendlır]
eşarp	Kopftuch s [kopftuh]
eşofman	Trainingsanzug r [trayningsantsu:k]
eşya	Sache e [zahı]
et	Fleisch s [flayş]

etek	Rock r [rok]
etiket	Etikett s [etiket]
etli	fleischig [flayşih]
ev	Haus s [haus], Wohnung e [vo:nung]
evet	ja [ya:]
evvela	zuerst [tsuerst]
eyvah	oh weh! [o: ve:]
eyvallah	Vergelt's Gott [fergelts got]
ezik	zerdrückt [tserdrükt]

F

facia	Katastrophe e [katastro:fı]
fakat	aber [a:bır]
fanila	Unterhemd s [untırhemt]
fasa fiso	Geschwätz s [gışvets]
fasulye	Bohne e [bo:nı]
fatura	Rechnung e [rehnung]
faydalı	nützlich [nütslih]
faydasız	nutzlos [nutslo:z]
fazla	viel [fi:l]
Federal Almanya	Bundesrepublik Deutschland [bundısrepublik doyçlant]
fena	schlecht [şleht]
feribot	Fähre e [fe:rı]
fermuar	Reißverschluß r [rayzferşlus]
fevkalade	außerordentlich [ausırordentlih]

fındık	Haselnuß e [ha:zılnus]
fırsat	Gelegenheit e [gıle:gınhayt]
fıstık	Pistazie e [pistatsiı]
fikir	Meinung e [maynung]
fincan	Tasse e [tası]
firma	Firma e [firma]
fiş	Stecker r [ştekır]
fiyat	Preis r [prays]
formalite	Formalität e [formalite:t]
fotoğraf çekmek	fotographieren [fotografi:rın]
fotoğraf makinesi	Fotoapparat r [fotoapara:t]
fuar	Messe e [mesı]

G

galeta	runder flacher Zwieback [rundır flahır tsvi:bak]
galiba	vielleicht [filayht]
gar	Bahnhof r [ba:nho:f]
garaj	Garage e [gara:jı]
gardırop	Kleiderschrank r [klaydırşrank]
garson	Kellner r [kelnır], Ober r [o:bır]
gazete	Zeitung e [tsaytung]
gece	Nacht e [naht]
gecelemek	übernachten [ü:bırnahtın]
geceleyin	in der Nacht [in de:r naht]
geç kalmak	sich verspäten [zih ferşpe:tın]
geçit	Durchgang r [durhgang]

gelecek	zukünftig [tsukünftih]
gelmek	kommen [komın]
gemi	Schiff s [şif]
genç	jung [yung]
genel	allgemein [algımayn]
geniş	breit [brayt]
gerçek	wirklich [virklih]
gerçi	zwar [tsva:r]
gereç	Material s [materya:l]
gerek	nötig [nö:tih]
geri	zurück [tsurük]
geri vermek	zurückgeben [tsurükge:bın]
getirmek	bringen [bringın]
gevrek	knusperig [knuspe:rih]
gevşek	locker [lokır]
gezi	Ausflug r [ausflu:k]
gezmek	spazierengehen [şpatsi:ringe:ın]
gıda	Nahrung e [na:rung]
gibi	wie [vi:]
giriş	Eingang r [ayngang]
gitmek	gehen [ge:ın]
giyecek	Bekleidung e [bıklaydung]
giymek	anziehen [antsi:ın]
giysi	Kleid s [klayt]
göl	See r [ze:]
gömlek	Hemd s [hemt]
göndermek	senden [zendın]
görev	Pflicht e [pfliht]
gösteri	Vorführung e [fo:rfü:rung]
göz	Auge s [augı]
gözlük	Brille e [brilı]
gri	grau [grau]

grip	Grippe e [gripı]
güçlü	stark [ştark]
güderi	Wildleder s [viltle:dır]
güle güle	auf Wiedersehen [auf vi:dırze:ın]
gümrük	Zoll r [tsol]
gümüş	Silber s [zilbır]
gün	Tag r [ta:k]
günlerce	tagelang [ta:gılang]
günaşırı	jeden zweiten Tag [ye:dın tsvaytın ta:k]
günaydın	guten Morgen! [gu:tın morgın]
gündüz	Tag r [ta:k]
güneş	Sonne e [zonı]
güneşlenmek	sich sonnen [zih zonın]
güney	Süden r [zü:dın]
gürültü	Lärm r [lerm]
gürültülü	laut [laut]
güveç	Schmortopf r [şmortopf]
güven	Vertrauen s [fertrauın]
güverte	Deck s [dek]

H

haber	Nachricht e [nahriht]
haberleşmek	voneinander hören [fonaynandır hö:rın]
hadise	Ereignis s [eraygnis]
hafif	leicht [layht]
hafta	Woche e [vohı]

hafta sonu	Wochenende s [vohınendı]
haftalarca	wochenlang [vohınlang]
haftalık	wöchentlich [vöhentlih]
hak	Recht s [reht]
hakikat	Wirklichkeit e [virklihkayt]
hakkında	über [ü:bır]
haklı	berechtigt [bırehtikt]
haklı olmak	recht haben [reht ha:bın]
hâlâ	noch immer [noh imır]
halbuki	jedoch [ye:doh]
halen	augenblicklich [augınbliklih]
halı	Teppich r [tepih]
halıcı	Teppichhändler r [tepihhentlır]
halıcılık	Teppichhandel r [tepihhandıl]
halis	echt [eht]
halk	Volk s [folk]
ham	unreif [unrayf]
hamam	Bad s [ba:t]
hamburger	Hamburger r [hamburgır]
hammadde	Rohmaterial s [ro:materya:l]
hamsi	Sardelle e [sardelı]
hamur	Teig r [tayk]
hamur işi	Teigwaren e [taykva:rın]
hangi	welche(r, s) [velhı]
hani	wo? [vo:]
hapşırmak	niesen [ni:zın]
harcamak	ausgeben [ausge:bın]
hardal	Senf r [zenf]
hariç	abgesehen von [apgıze:ın fon]
harika	wunderbar [vundırba:r]
harita	Landkarte e [lantkartı]
hasır	Strohmatte e [stro:matı]

hassas	empfindlich [empfintlih]
hasta	krank [krank]
hastane	Krankenhaus s [krankınhaus]
haşlamak	kochen [kohın]
hatıra	Andenken s [andenkın]
hatırlamak	sich erinnern an [zih erinern an]
hatta	sogar [zoga:r]
hava	Luft e [luft]; Wetter s [vetır]
havaalanı	Flugplatz r [flukplats]
havaliman	Flughafen r [flukha:fın]
havayolu	Fluglinie e [flukliniı]
havlu	Handtuch s [hanttuh]
havuç	Mohrrübe e [mo:rrü:bı]
havuz	Teich r [tayh]
havyar	Kaviar r [kavya:r]
hayat	Leben s [le:bın]
haydi	los [lo:z]
hayhay	aber natürlich! [abır natü:rlih]
hayır	nein [nayn]
haykırmak	schreien [şrayın]
hayran olmak	bewundern [bıvundırn]
hayvan	Tier s [ti:r]
hayvanat bahçesi	Zoo r [tso:]
hazır	fertig [fertih]
hazırlamak	vorbereiten [fo:rbıraytın]
haziran	Juni r [yu:ni]
hediye	Geschenk s [gışenk]
hediye etmek	schenken [şenkın]
hediyelik eşya	Geschenkartikel r [gışenkarti:kıl]
hekim	Arzt r [artst]
hele	besonders [bızondırs]
helikopter	Hubschrauber r [hubşraubır]

helva	Helwa e [helva]
hem	und [unt]
hemen hemen	beinahe [bayna:ı]
hemencecik	sofort [zofort]
hep	ganz [gants]; immer [imır]
hepsi	alle [alı]
her	jede(r, s) [ye:dı]
herhalde	wahrscheinlich [va:rşaynlih]
herhangi	irgendwelche [irgıntvelhı]
herkes	jeder [ye:dır]
hesap	Rechnung e [rehnung]
hesap yapmak	rechnen [rehnın]
hesaplamak	rechnen [rehnın]
heyecanlanmak	sich aufregen [zih aufre:gın]
hırka	Strickjacke e [ştrikyakı]
hıyar	Gurke e [gurkı]
hızlanmak	sich beschleunigen [zih bışloynigın]
hızlı	schnell [şnel]
hiç	gar [ga:r]
hiçbiri	keiner [kaynır]
hindi	Truthahn r [trutha:n]
hindistancevizi	Kokosnuß e [kokosnus]
his	Gefühl s [gıfü:l]
hizmet	Dienst r [di:nst]
hizmet etmek	dienen [di:nın]
hizmetçi	Hausangestellte e [hausangışteltı]
hizmetkâr	Diener r [di:nır]
hoparlör	Lautsprecher r [lautşprehır]
horlamak	schnarchen [şnarhın]
horoz	Hahn r [ha:n]
hostes	Stewardeß e [stevardıs]

hoş	hübsch [hüpş]
hoşaf	Kaltschale e [kaltşa:lı]
hoşlanmak	gefallen [gıfalın]
hususi	speziell [şpetsyel]
huzur	Ruhe e [ru:ı]
hüsran	Enttäuschung e [entoyşung]
hüzün	Traurigkeit e [traurihkayt]

I

ıhlamur	Linde e [lindı]
ılık	lauwarm [lauvarm]
ırmak	Fluß r [flus]
ısı	Wärme e [vermı], Temperatur e [temparatu:r]
ısıtıcı	Heizgerät s [haytsgıre:t]
ıskonto	Diskont r [diskont]
ıslak	feucht [foyht]
ıslanmak	feucht werden [foyht ve:rdın]
ısmarlamak	bestellen [bışteln]
ıspanak	Spinat r [spina:t]
ıstakoz	Hummer r [humır]
ışık	Licht s [liht]
ışıklandırmak	beleuchten [bıloyhtın]
ışıl ışıl	leuchtend [loyhtınt]
ıvır zıvır	Plunder r [plundır]
ızgara	Grill r [gril]; gegrillt [gıgrilt]

i

iade	Rückgabe e [rükga:bı]
iade etmek	zurückgeben [tsurükge:bın]
ibrik	Schnabelkännchen s [şnabılkenhın]
iç	innere(r, s) [inırı]
içecek	Getränk s [gıtrenk]
içeri	hinein [hinayn], herein [herayn]
içeride	innen [inın]
için	für [fü:r], weil [vayl]
içinde	in [in]
içine	hinein [hinayn]
içki	alkoholisches Getränk [alkoho:lişıs gıtrenk]
içki içmek	sich betrinken [zih bıtrinkın]
içmek	trinken [trinkın], (sigara) rauchen [rauhın]
içme suyu	Trinkwasser s [trinkvasır]
içten	herzlich [hertslih]
idare	Direktion e [direktsyo:n]
Idealist	idealistisch [idealistiş]
ifade etmek	ausdrücken [ausdrükın]
iğde	Ölweide e [ö:lvaydı]
iğne	Nadel e [na:dıl]
iğrenç	abscheulich [apşoylih]
ihmal	Vernachlässigung e [fernahlesigung]
ihracatçı	Exporteur r [eksportö:r]
ihtimam	Sorge e [zorgı]
ihtiyaç	Bedürfnis s [bıdürfnis]
ihtiyar	alt [alt]

ihtiyatlı	vorsichtig [fo:rzihtih]
ihtiyatsız	unvorsichtig [unfo:rzihtih]
ikaz	Warnung e [varnung]
ikaz etmek	warnen [va:rnın]
ikindi	Nachmittag r [nahmita:k]
iklim	Klima s [klima]
ikmal	Vollendung e [folendung]
ikram	gastfreundliche Bewirtung [gastfroyntlihı bıvirtung]
ikram etmek	anbieten [anbi:tın]
ilaç	Artznei e [artstna:y]
ilan etmek	bekanntmachen [bıkantmahın]
ilave	Zusatz r [tsuzats]
ile	mit [mit]
ileri	nach vorne [nah fo:rnı]
iletmek	leiten [laytın]
ilgilenmek	Interesse haben [interesı ha:bın]
ilgili	interessiert [interesi:rt]
ilginç	interessant [interesant]
ilişki	Beziehung e [bıtsi:ung]
ilk	erste(r, s) [e:rstı]
ilk defa	zum ersten Mal [tsum e:rstın ma:l]
ilkbahar	Frühling r [frü:ling]
ilke	Prinzip s [printsi:p]
ilkönce	zu allererst [tsu alırerst]
imal	Herstellung e [he:rştelung]
imal etmek	herstellen [he:rştelın]
imalatçı	Hersteller r [he:rştelır]
imdat	Hilfe e [hilfı]
imkân	Möglichkeit e [mö:glihkayt]
imkânsız	unmöglich [unmö:glih]
imkânsızlık	Unmöglichkeit e [unmö:glihkayt]

imza	Unterschrift e [untırşrift]
imza atmak	unterschreiben [untırşraybın]
imzalamak	unterschreiben [untırşraybın]
inanmak	glauben [glaubın]
ince	dünn [dün]; zart [tsart]
incelemek	untersuchen [untırzuhın]
inci	Perle e [perlı]
incir	Feige e [faygı]
incitmek	verstauchen [fe:rştauhın]
inek	Kuh e [ku:]
insan	Mensch r [menş]
insanlık	Menschheit e [menşhayt]
inşaat	Bau r [bau]
inşallah	hoffentlich! [hofentlih]
intizamlı	ordentlich [ordentlih]
ip	Strick r [ştrik]
ipek	Seide e [zaydı]
ipekböceği	Seidenraupe e [zaydınraupı]
iplik	Faden r [fa:dın]
iptal	Aufhebung e [aufhe:bung]
iptal etmek	aufheben [aufhe:bın]
iri	groß [gro:s]
irmik	Grieß r [gri:s]
is	Ruß r [rus]
ishal	Durchfall r [durhfal]
isim	Name r [na:mı]
iskarpin	Halbschuh r [halpşu:]
iskemle	Stuhl r [ştu:l]
ispat	Beweis r [bıvayz]
israf	Verschwendung e [fe:rşvendung]
istasyon	Bahnhof r [ba:nho:f]
istavrit	Bastardmakrele e [bastartmakre:lı]

istek	Wunsch r [vunş]
istekli	wünschend [vünşınt]
isteksiz	nicht wünschend [niht vünşınt]
istemek	wollen [volın]
istifade etmek	Gewinn ziehen [gıvin tsi:ın]
istihbarat	Nachricht e [nahriht]
istikamet	Richtung e [rihtung]
istirahat	Ruhe e [ru:ı]
istirahat etmek	ruhen [ru:ın]
istirham etmek	ergebens bitten [erge:bıns bitın]
istiridye	Auster e [austır]
istisna	Ausnahme e [ausna:mı]
iş	Arbeit e [arbayt]
iş yapmak	Geschäfte machen [gışefti mahın]
işadamı	Geschäftsmann r [gışeftsman]
işaret	Zeichen s [tsayhın]
işemek	harnen [harnın]
işitmek	hören [hö:rın]
işkembe	Kutteln [kutıln]
işletmeci	Betriebsleiter r [bıtri:pslaytır]
işletmek	betreiben [bıtraybın]
işporta	Traggestell s [trakgıştel]
işportacı	Straßenverkäufer r [ştra:sınfe:rkoyfır]
iştah	Appetit r [apeti:t]
iştahsız	appetitlos [apeti:tlo:z]
işte	da! [da], hier! [hi:r]
işyeri	Arbeitsplatz r [arbaytsplats]
itfaiye	Feuerwehr e [foyırve:r]
ithal	Import r [import]
ithal etmek	importieren [importi:rın]
ithalatçı	Importeur r [importö:r]

itibaren	ab [ap]
itina	Sorgfalt e [zorgfalt]
itinalı	sorgfältig [zorgfeltih]
itinasız	oberflächlich [o:bırflehlih]
itiraz	Einwand r [aynvant]
itişip kakışmak	sich drängen [zih drengın]
itmek	schieben [şi:bın]
ivedi	eilig [aylih]
iyi	gut [gu:t]
iyi akşamlar!	guten Abend! [gu:tın a:bınt]
iyi geceler!	gute Nacht! [gu:tı naht]
iyi günler!	guten Tag! [gu:tın ta:k]
iyice	recht [reht]
iyicene	ordentlich [ordentlih]
iyilik	Güte e [gü:tı]
iyiliksever	wohlwollend [vo:lvolınt]
iyimser	optimistisch [optimistiş]
iz	Spur e [şpur]
izah	Erklärung e [e:rkle:rung]
izin	Erlaubnis e [erlaupnis]
izin vermek	beurlauben [bıurlaubın]
izinli	beurlaubt [bıurlaupt]
izinsiz	ohne Erlaubnis [o:nı erlaupnis]
izlemek	folgen [folgın]
izmarit	Zigarettenstummel r [tsigaretınştumıl]
izmarit balığı	Schnauzenbrasse e [şnautsınbrası]

J

jaluzi	Jalousie e [jaluzi:]
jambon	Schinken r [şinkın]
jartiyer	Strumpfband s [ştrumpfbant]
jest	Geste e [gestı]
jeton	Telephonmünze e [telefo:nmüntsı]
jilet	Rasierklinge e [razi:rklingı]
jimnastik	Gymnastik e [gümnasti:k]
jimnastik yapmak	turnen [turnın]
jöle	Gelee s [jöle:]

K

kaba	grob [grop]
kaba saba	roh [ro:]
kabahat	Schuld e [şult]
kabak	Kürbis r [kürbis]
kabak tadı vermek	langweilig werden [langvaylih ve:rdın]
kabalık	Grobheit e [grophayt]
kaban	kleiner Mantel [klaynır mantıl]
kabızlık	Verstopfung e [ferştopfung]
kabiliyet	Begabung e [bıga:bung]
kabiliyetli	fähig [fe:ih]
kabiliyetsiz	unfähig [unfe:ih]
kabin	Kabine e [kabine]
kablo	Kabel s [ka:bıl]
kabul	Annahme e [anna:mı]
kabul etmek	annehmen [anne:mın]
kâbus	Alptraum r [alptraum]

kaç	wieviel? [vi:fi:l]
kaç defa	wie oft? [vi: oft]
kaç para	wie teuer? [vi: toyır]
kaç yaşında?	wie alt? [vi: alt]
kaça?	wie teuer? [vi: toyır]
kaçamak	Ausflucht e [ausfluht]
kaçıncı?	wievielte(r, s) [vi:fi:ltı]
kaçırmak	versäumen [fe:rzoymın]
kaçmak	fliehen [fli:ın]
kadar	bis [bis]; wie [vi:]
kadeh	Trinkglas s [trinkgla:z]
kadın	Frau e [frau]
kadın berberi	Damenfriseur r [da:mınfrizö:r]
kadın doktoru	Frauenarzt r [frauınartst]
kadınsı	weiblich [vayplih]
kadife	Samt r [zamt]
kafa	Kopf r [kopf]
kafası kızmak	wütend werden [vü:tınt ve:rdın]
kafes	Käfig r [ke:fih]
kafeterya	Cafe s [kafe:]
kâfi	genug [gınu:k]
kafile	Trupp r [trup], Konvoi r [konvoy]
kâğıt	Papier s [papi:r]
kâğıt mendil	Papiertaschentuch s [papi:rtaşıntuh]
kâğıt para	Papiergeld s [papi:rgelt]
kahrolsun!	nieder mit! [ni:dır mit]
kahvaltı	Frühstück s [frü:ştük]
kahvaltı etmek	frühstücken [frü:ştükın]
kahve	Kaffee r [kafe:]
kahvehane	Café s [kafe]
kahverengi	braun [braun]

kakao	Kakao r [kakao:]
kalabalık	Menge e [mengı]
kalan	Rest r [rest]
kalem	Bleistift r [blayştift]
kalın	dick [dik]
kalınlık	Dicke e [dikı]
kalite	Qualität e [kvalite:t]
kaliteli	hochwertig [hohvertih]
kalitesiz	minderwertig [mindırvertih]
kalkan balığı	Steinbutt r [ştaynbut]
kalkmak	aufstehen [aufşte:ın]
kalmak	bleiben [blaybın]
kalori	Kalorie e [kalori:]
kalorifer	Zentralheizung e [tsentra:lhaytsung]
kalp	Herz s [herts]
kamara	Kabine e [kabi:nı]
kamarot	Schiffssteward r [şifsstevard]
kambiyo	Devisenhandel r [devi:zınhandıl]
kamera	Kamera e [kamera]
kamp	Lager s [la:gır]
kamp yapmak	kampieren [kampi:rın]
kamp yeri	Campingplatz r [kempingplats]
kamping	Camping s [kemping]
kamyon	Lastwagen r [lastva:gın]
kanamak	bluten [blu:tın]
kandırmak	überreden [ü:bırre:dın]
kanıt	Beweis r [bıvays]
kantin	Kantine e [kanti:nı]
kanun	Gesetz s [gızets]
kanyak	Weinbrand r [vaynbrant]
kapalı	geschlossen [gışlosın]

kapanmak	sich schließen [zih şli:sın]
kapatmak	schließen [şli:sın]
kapıcı	Pförtner r [pförtnır]
kaplıca	Thermalbad s [terma:lba:t]
kaptan	Kapitän r [kapite:n]
kâr etmek	gewinnen [gıvinın], verdienen [ferdi:nın]
karabiber	Pfeffer r [pfefır]
karaciğer	Leber e [le:bır]
Karadeniz	Schwarzes Meer [şvartsıs me:r]
karakol	Polizeistation s [politsayştatsyo:n]
karamela	Karamelle e [karamelı]
karanfil	Nelke e [nelkı]
kararmak	dunkel werden [dunkıl ve:rdın]
karavan	Wohnwagen r [vo:nva:gın], Campingbus r [kempingbu:s]
karayolları	Straßen [ştra:sın]
karayolları haritası	Straßenkarte e [ştra:sınka:rtı]
karayolu	Landweg r [lantve:k]
karnı acıkmak	Hunger bekommen [hungır bıkomın]
karnı aç	hungrig [hungrih]
karnı tok olmak	satt sein [zat zayn]
karışık	gemischt [gımişt]
karides	Garnele e [garne:lı]
karnabahar	Blumenkohl r [blu:mınko:l]
karnaval	Karneval r [karneva:l]
karpuz	Wassermelone e [vasırmelo:nı]
karşı	gegen [ge:gın]
karşı koymak	sich widersetzen [zih vi:dırzetsın]
karşı olmak	dagegen sein [dage:gın zayn]
karşılaşmak	treffen [trefın]

karşılıklı	gegenseitig [ge:gınzaytih]
karşılıksız	unbeantwortet [unbıantvo:rtıt]
kart	Karte e [ka:rtı]
kartpostal	Postkarte e [postka:rtı]
karyola	Bettgestell s [betgıştel]
kasap	Metzger r [metsgır]
kasiyer	Kassierer(in e) r [kasi:rır]
kasket	Mütze e [mütsı]
kaşar	ein gelblicher Hartkäse [ayn gelplihır hartke:zı]
kaşık	Löffel r [löfıl]
kaşkol	Halstuch s [halztuh]
katı	hart [hart]
katlamak	zusammenfalten [tsuzamınfaltın]
katma değer vergisi	Mehrwertsteuer e [me:rvertştoyır]
KDV	"MWS" [emve:es]
kavanoz	Einmachglas s [aynmahgla:s]
kavga etmek	streiten [ştraytın]
kavun	Zuckermelone e [tsukırmelo:nı]
kavurma	geröstet [gıröstıt]
kavuşmak	wiedersehen [vi:dırze:ın]
kayak	Ski r [şi:]
kaybetmek	verlieren [ferli:rın]
kaybolmak	verlorengehen [ferlo:rınge:ın]
kayık	Ruderboot s [ru:dırbo:t]
kayıp	verloren [ferlo:rın]
kayıp eşya bürosu	Fundbüro s [funtbü:ro]
kayıt	Einschreibung e [aynşraybung]
kaz	Gans e [ganz]
kaza	Unfall r [unfal]
kazak	Pullover r [pulo:vır]

kebap	Röstfleisch s [röstflayş]
kefal	Meeräsche e [me:reşı]
kek	Königskuchen r [kö:nikskuhın]
kekik	Thymian r [ti:mya:n]
keklik	Rebhuhn s [rephu:n]
kemer	Gürtel r [gürtıl]
kendi	selbst [zelpst]
kendiliğinden	von selbst [fon zelpst]
kepçe	Schöpfkelle e [şöpfkelı]
kereviz	Sellerie r [zeleri:]
kesmek	schneiden [şnaydın]
kesmeşeker	Würfelzucker r [vürfıltsukır]
kestane	Kastanie e [kastani:]
keşke	wenn doch... [ven doh]
ketçap	Ketchup s/r [ketçap]
kevgir	Schaumlöffel r [şaumlöfıl]
keyif	gute Laune [gu:tı launı]
kez	Mal s [ma:l]
kıl	Haar s [ha:r]
kılavuz	Führer r [fü:rır]
kılçık	Gräte e [gre:tı]
kılıçbalığı	Schwertfisch r [şvertfiş]
kıraathane	Café s [kafe]
kırmak	brechen [brehın]
kırmızıbiber	Paprika r [paprika]
kısa	kurz [kurts]
kısmak	vermindern [fermindırn]
kış	Winter r [vintır]
kıyafet	Kleidung e [klaydung]
kıyı	Rand r [rant], Ufer s [u:fır]
kıyma	Hackfleisch s [hakflayş]
kıymet	Wert r [vert]

kızartma	Braten r [bra:tın]
kızmak	sich ärgern [zih ergırn]
kibrit	Streichholz s [ştrayhholts]
kilim	Wandteppich r [vanttepih]
kilogram	Kilogramm s [ki:logram]
kilometre	Kilometer r [ki:lome:tır]
kim	wer? [ve:r]
kime	wem? [ve:m]
kimi	wen? [ve:n]
kimlik kartı	Personalausweis r [perzona:lausvayz]
kimyon	Kümmel r [kümıl]
kir	Schmutz r [şmuts]
kiralamak	vermieten [fermi:tın]
kiralık	zu wermieten [tsu fermi:tın]
kirli	schmutzig [şmutsih]
kişi	Person e [perzo:n]
kitap	Buch s [bu:h]
klima	Klimaanlage a [klimaanla:gı]
kokteyl	Cocktail r [kokteyl]
kolay	leicht [layht]
koleksiyoncu	Sammler r [zamlır]
kolonya	Kölnisch Wasser [kölniş vasır]
koltuk	Sessel r [zesıl]
kolye	Kollier s [kolye:r]
kompartıman	Abteil s [aptayl]
komposto	Kompott s [kompot]
konak	Palast r [palast]
konaklama	Unterkunft e [untırkunft]
konaklamak	absteigen [apştaygın]
konfeksiyon	Konfektion e [konfektsyo:n]
konforlu	komfortabel [komfortabıl]

konserve	Konserve e [konzervı]
kontrol etmek	kontrollieren [kontroli:rın]
konuk	Gast r [gast]
konuşma	Gespräch s [gışpreh]
konyak	Kognak r [konyak]
koridor	Flur r [flu:r]
koru	Wäldchen s [velthın]
korunmak	sich schützen [zih şütsın]
koşmak	laufen [laufın]
kot	Jeans [ci:ns]
kotra	Kutter r [kutır]
koy	Meeresbucht e [me:rısbuht]
koymak	stellen [ştelın], legen [le:gın]
koyu	dunkel [dunkıl]
koyun	Schaf s [şa:f]
kozmetik	Kosmetik e [kosmeti:k]
köfte	Bulette e [buletı]
köprü	Brücke e [brükı]
körfez	Golf r [golf]
köşe	Ecke e [ekı]
kötü	schlecht [şleht]
köy	Dorf s [dorf]
kravat	Krawatte e [kravatı]
krem	Creme e [kre:m]
krema	Sahne e [za:nı]
kristal	Kristall r [kristal]
kuaför	Friseur r [frizö:r]
kule	Turm r [turm]
kullanım	Verwendung e [fervendung]
kullanmak	gebrauchen [gıbrauhın]
kulüp	Klub r [klüp]
kumanya	Reiseproviant r [rayzıprovyant]

kumarhane	Spielsaal r [şpi:lza:l]
kumsal	Sandstrand r [zantştrant]
kundura	Schuh r [şu:]
kurabiye	Makrone e [makro:nı]
kural	Regel e [re:gıl]
kurdele	Band s [bant]
kurmak	gründen [gründın], bilden [bildın]
kurs	Kurs r [kurz]
kurt	Wolf r [volf]
kurtarmak	retten [retın]
kuru	trocken [trokın]
kuru fasulye	weiße Bohne [vaysı bo:nı]
kurum	Gesellschaft e [gızelşaft]
kusura bakma(yın)!	nichts für ungut! [nihts fü:r ungu:t]
kuştüyü	Flaumfeder e [flaumfe:dır]
kuşüzümü	Korinthe e [korintı]
kutlamak	gratulieren [gratüli:rın]
kutu	Schachtel e [şahtıl]
kuvvet	Kraft e [kraft]
kuvvetli	stark [ştark], kräftig [kreftih]
kuvvetsiz	kraftlos [kraftlo:z]
kuyumcu	Juwelier r [juvelye:r]
kuzey	Norden r [nordın]
kuzu	Lamm s [lam]
küçük	klein [klayn]
küçümsemek	unterschätzen [untırşetsın]
küflü	schimmelig [şimelih]
küfretmek	schimpfen [şimpfın]
küllük	Aschenbecher r [aşınbehır]
külrengi	aschgrau [aşgrau]
kültür	Kultur e [kultu:r]
kümes hayvanları	Geflügel s [gıflü:gıl]

küpe	Ohrring r [o:rring]
kürk	Pelz r [pelts]
kürk manto	Pelzmantel r [peltsmantıl]
kütüphane	Bibliothek e [biblyote:k]
küvet	Badewanne e [ba:dıvanı]

L

laflamak	sich unterhalten [zih untırhaltın]
lağım	Abortabfluß r [aportapflus]
lahana	Kraut s [kraut]
lahmacun	gebackener Fladen mit Hackfleisch [gıbakenır fla:dın mit hakflayş]
lakin	aber [a:bır]
lamba	Lampe e [lampı]
lapa	Brei r [bray]
lavabo	Waschbecken s [vaşbekın]
leblebi	geröstete Kichererbsen [gıröstıtı kihıre:rpzın]
leke	Fleck(en) r [flek]
lekeli	befleckt [bıflekt]
lekesiz	sauber [zaubır]
levrek	Seebarsch r [ze:barş]
lezzet	Geschmack r [gışmak]
lezzetli	schmackhaft [şmakhaft]
lezzetsiz	geschmacklos [gışmaklo:z]
likör	Likör r [likö:r]
liman	Hafen r [ha:fın]
limon	Zitrone e [tsitro:nı]
limonata	Limonade e [limona:dı]
lisan	Sprache e [şprahı]

liste	Liste e [listı]
lobi	Vorhalle e [fo:rhalı]
lokanta	Restaurant s [restoran]
lokma	Bissen r [bisın]
lokum	Lokum s [lokum]
lüfer	Blaubarsch r [blaubarş]
lüks	Luxus r [luksus]
lütfen	bitte! [bitı]

M

maalesef	leider [laydır]
macera	Abenteuer s [a:bıntoyır]
mağaza	Geschäft s [gışeft]
mahzen	Keller r [kelır]
makarna	Nudeln [nu:dıln]
makas	Schere e [şe:rı]
manav	Obst- und Gemüsehändler r [opst unt gımü:zıhentlır]
mandalina	Mandarine e [mandari:nı]
mantar	Pilz r [pilts]
mantı	Fleischpastete e [flayşpastetı]
manto	Damenmantel r [da:mınmantıl]
manzara	Aussicht e [ausziht]
marka	Warenzeichen s [va:rıntsayhın]
marmelat	Marmelade e [marmıla:dı]
marul	Lattich r [latih]
masraf	Ausgabe e [ausga:bı]
maydanoz	Petersilie e [pi:tırzilıı]
mayo	Badeanzug r [ba:dıantsu:g]
mecbur olmak	müssen [müsın]

mektup	Brief r [bri:f]
memnun	zufrieden [tsufri:dın]
memnun etmek	zufriedenstellen [tsufri:dınştelın]
mendil	Taschentuch s [taşıntuh]
merak	Neugier e [noygi:r]
mercan	Koralle e [koralı]
mercimek	Linse e [linzı]
merhaba	Guten Tag! [gu:tın ta:k]
mersi	danke schön! [dankı şö:n]
mesela	zum Beispiel [tsum bayşpi:l]
mesele	Problem s [proble:m]
meslek	Beruf r [bıru:f]
meşhur	berühmt [bırü:mt]
meşrubat	Getränke e [gıtrenkı]
mevsim	Jahreszeit e [ya:rıstsayt]
meydan	Platz r [plats]
meyhane	Kneipe e [knaypı]
meyve	Frucht e [fruht]
meyve salatası	Obstsalat r [opstzala:t]
meyve suyu	Fruchtsaft r [fruhtzaft]
meze	kleiner Imbiß [klaynır imbis]
mezgit	Wittling r [vitling]
midye	Miesmuschel e [mi:zmuşıl]
miktar	Menge e [mengı]
milyar	Milliarde e [milyardı]
milyon	Million e [milyo:n]
misafirperver	gastfreundlich [gastfroyntlih]
mobilyalı	möbliert [möbli:rt]
moda	Mode e [mo:dı]
moda olmak	in Mode sein [in mo:dı zayn]
modası geçmiş	altmodisch [altmo:diş]
modaya uygun	modisch [mo:diş]

motel	Motel s [motel]
mönü	Speisekarte e [şpayzıka:rtı]
muhtelif	verschieden [fe:rşi:dın]
muhteşem	prächtig [prehtih]
muntazam	regelmäßig [re:gılmesih]
mutfak	Küche e [kühı]
mutluluk	Glück s [glük]
mücevher	Juwel s [yu:vıl]
müdür	Direktor r [direkto:r]
mükâfat	Belohnung e [bılo:nung]
mükemmel	ausgezeichnet [ausgıtsayhnıt]
mümkün	möglich [mö:glih]
münakaşa	Streiten s [ştraytın]
müracaat	Anmeldung e [anmeldung]
müsaade	Erlaubnis e [e:rlaupnis]
müşteri	Kunde r [kundı]; Gast r [gast]
müthiş	furchtbar [furhtba:r]
müze	Museum s [museu:m]

N

nadiren	selten [zeltın]
nakden	(in) bar [ba:r]
nakit	(Bar)geld s [gelt]
namuslu	ehrlich [e:rlih]
nane	Pfefferminze e [pfefırmintsı]
nar	Granatapfel r [grana:tapfıl]
narenciye	Zitrusfrüchte [tsitru:sfrühtı]
nasıl	wie [vi:]
nasılsın(ız)?	Wie geht es dir (Ihnen)? [vi: ge:t es di:r]

nazik	fein [fayn]
ne	was [vas]
nefis	köstlich [köstlih]
nerede	wo [vo:]
nereden	woher [vohe:r]
neşeli	heiter [haytır]
nişasta	Stärke e [şterkı]
niye	warum [varum]
nohut	Kichererbse e [kihıre:rpsı]
numara	Nummer e [numır]
nüfus cüzdanı	Personalausweis r [perzona:lausvayz]

O

o	er [e:r], sie [zi:], es [es]
oda	Zimmer s [tsimır]
odacı	Bürodiener r [bü:rodi:nır]
ofis	Büro s [bü:ro]
oje	Nagellack r [na:gıllak]
okumak	lesen [le:zın]
olabilir	möglich [mö:glih]
olağanüstü	außerordentlich [ausırordentlih]
olarak	als [als]
olay	Ereignis s [eraygnis]
olgun	reif [rayf]
olmak	sein [zayn]
olmaz	unmöglich! [unmö:glih]
olur	es geht! [es ge:t]
omlet	Omelett s [omlet]
onarım	Reparatur e [reparatu:r]

ondan sonra	dann [dan]
orada	dort [dort]
orası	dort [dort]
oraya	dahin [da:hin]
ordövr	Vorspeise e [fo:rşpayzı]
orkestra	Orchester s [orkestır]
orta	Mitte e [mitı]
ortak pazar	Gemeinsamer Markt [gımaynza:mır markt]
ortalama	durchschnittlich [durhşnitlih]
ortam	Millieu s [milyö:]
otel	Hotel s [hotıl]
otoban	Autobahn e [autoba:n]
otomatik	automatisch [automa:tiş]
oynamak	spielen [şpi:lın]
oysa(ki)	aber [a:bır]
oyun	Spiel s [şpi:l]
oyuncak	Spielzeug s [şpi:ltsoyk]
oyuncakçı	Spielwarenhändler r [şpi:lva:rınhentlır]

Ö

öbür	andere(r, s) [andırı]
ödeme	Zahlung e [tsa:lung]
ödemek	(be)zahlen [bıtsa:lın]
öfke	Zorn r [tsorn]
öğle yemeği	Mittagessen s [mita:kesın]
öğleden sonra	Nachmittag r [nahmita:k]
öğleyin	mittags [mita:ks]
öksürük	Husten r [hustın]

ön	vordere(r, s) [fo:rdırı]
önde	vorn(e) [fo:rnı]
önden	von vorn(e) [fon fo:rnı]
öne	nach vorne [nah fo:rnı]
önünde	vor [fo:r]
önce	vor [fo:r], früher [frü:ır]
önemli	wichtig [vihtih]
önemsiz	unwichtig [unvihtih]
ördek	Ente e [entı]
örneğin	zum Beispiel [tsum bayşpi:l]
örtü	Decke e [dekı]
öyle	so [zo]
özel	besonder [bızondır]
özellik	Eigenschaft e [aygınşaft]
özene bezene	sehr sorgfältig [ze:r zorgfeltih]
özür dilemek	sich entschuldigen [zih entşuldigın]

P

pabuç	Schuh r [şu:]
pahalı	teuer [toyır]
paket	Paket s [pake:t]
palamut	Bonito r [bonito]
palto	Mantel r [mantıl]
pancar	rote Rübe [ro:tı rü:bı]
panik	Panik e [panik]
panjur	Rolladen r [rola:dın]
pansiyon	Pension e [panzyo:n]
pansiyoncu	Pensionsinhaber r [panzyo:nsinha:bır]

pantolon	Hose e [ho:zı]
para	Geld s [gelt]
para bozmak	Geld wechseln [gelt veksıln]
para çantası	geldtasche e [gelttaşı]
parça	Stück s [ştük]
pardösü	Regenmantel r [re:gınmantıl]
parfüm	Parfüm s [parfü:m]
pasaport	(Reise)paß r [rayzıpas]
pasta	Kuchen r [kuhın]
pastane	Konditorei e [konditoray]
pastırma	türkisches Dörrfleisch [türkişıs dörflayş]
patates	Kartoffel r [kartofıl]
patlıcan	Aubergine e [obırji:nı]
pavyon	Nachtlokal s [nahtloka:l]
pazarlık	Feilschen s [faylşın]
pazarlık etmek	feilschen [faylşın]
peçete	Serviette e [zervietı]
pekâlâ	sehr schön [ze:r şö:n]
pekmez	Traubenmost r [traubınmost]
pelerin	Pelerine e [peleri:nı]
pencere	Fenster s [fenstır]
perakende	im Einzelverkauf [im ayntsılferkauf]
perde	Vorhang r [fo:rhang]
pervaz	Gesims s [gızims]
peşin	in bar [in ba:r]
petrol	Petroleum s [petro:leum]
peynir	Käse r [ke:zı]
pırasa	Lauch r [lauh]
pırlanta	Brillant r [brilyant]
pide	Fladenbrot s [fla:dınbro:t]
pijama	Schlafanzug r [şla:fantsu:k]

pilav	Reis r [rayz]
piliç	Hühnchen s [hü:nhın]
pipo	Pfeife e [pfayfı]
pirzola	Kotelett s [kotlıt]
pis	schmutzig [şmutsih]
pişirmek	kochen [kohın]
pişmek	kochen [kohın]
plaj	Badestrand r [ba:dıştrant]
poğaça	Mürbteigpastete e [mürptaykpaste:tı]
polis	Polizei e [politsay]
porselen	Porzellan s [portsela:n]
porsiyon	Portion e [portsyo:n]
portakal	Apfelsine e [apfılzi:nı]
portakal suyu	Orangensaft r [oranjınzaft]
postane	Post e [post]
pratik	praktisch [praktiş]
priz	Steckdose e [ştekdo:zı]
protokol	Protokoll s [protokol]
puding	Pudding r [puding]
pudraşekeri	Puderzucker r [pu:dırtsukır]
puro	Zigarre e [tsigarı]
püre	Püree s [püre:]

R

radyo	Radio s [radyo:]
rafadan	weichgekocht [vayhgıkoht]
rahat	bequem [bıkve:m]
rahatlamak	sich wohler fühlen [zih vo:lır fü:lın]
rahatsızlık	Unbehagen s [unbıha:gın]

rakam	Ziffer e [tsifır]
rakı	Raki r [raki]
rasgele	irgendein [i:rgıntayn]
rastlantı	Zufall r [tsufal]
reçel	Marmelade e [marmıla:dı]
rehber	Führer r [fü:rır]
rehberlik	Führung e [fü:rung]
rendelemek	hobeln [ho:bıln]
rengârenk	bunt [bunt]
renk	Farbe e [fa:rbı]
resepsiyon	Empfang r [empfang]
resepsiyonist	Empfangschef r [empfangsşef]
resmi	offiziell [ofitsyel]
restoran	Restaurant s [restoran]
reyon	Abteilung e [aptaylung]
rica	Bitte e [bitı]
rica etmek	bitten [bitın]
rom	Rum r [ru:m]
rugan	Lack r [lak]
ruj	Lippenstift r [lipınştift]
rulet	Roulett s [ru:let]
rüya	Traum r [traum]
rüzgar	Wind r [vint]

S

saadet	Glück s [glük]
saat	Uhr e [u:r]; Stunde e [ştundı]
saat kaçta?	um wieviel Uhr? [um vi:fi:l u:r]
sabah	Morgen r [mo:rgın]
sabahları	morgens [mo:rgıns]

sabahlık	Morgenrock r [mo:rgınrok]
sabun	Seife e [zayfı]
sabunluk	Seifenschale e [zayfınşa:lı]
saç	Haar s [ha:r]
saç kurutma makinesi	Trockenhaube e [trokınhaubı]
sade	einfach [aynfah]
sadece	nur [nu:r]
sağda	rechts [rehts]
sağlamlaştırmak	befestigen [bıfestigın]
sağlık	Gesundheit e [gızunthayt]
sahil	Küste e [küstı]
sahte	falsch [falş]
sakallı	bärtig [bertih]
sakız	Harz s [harts]
saklanmak	sich verstecken [zih fe:rştekın]
salam	Salami e [zalami]
salamura	Salzbrühe e [zaltsbrü:ı]
salata	Salat r [zala:t]
salatalık	Gurke e [gurkı]
salça	Sauce e [zo:sı]
sallamak	schaukeln [şaukıln]
salon	Saal r [za:l]
salyangoz	Schnecke e [şnekı]
sanayi	Industrie e [industri:]
sandal	Boot s [bo:t]
sandalet	Sandale e [zanda:lı]
sandalye	Stuhl r [ştu:l]
sandviç	Sandwich r/s [zantviç]
saniye	Sekunde e [zekundı]
sanki	als ob [als op]
santimetre	Zentimeter rs [tsentime:tır]
saray	Schloß s [şlos]

sardalye	Sardine e [zardi:nı]
sarhoş	betrunken [bıtrunkın]
sarhoşluk	Betrunkensein s [bıtrunkınzayn]
sarışın	blond [blont]
sarmısak	Knoblauch r [knoplauh]
sarraf	Geldwechsler r [geltvekslır]
satıcı	Verkäufer(in e) r [fe:rkoyfır]
satın almak	kaufen [kaufın]
satış	Verkauf r [fe:rkauf]
satmak	verkaufen [fe:rkaufın]
sauna	Sauna e [zauna]
sayesinde	durch [durh]
sayfiye	Sommerhaus s [zomırhaus]
saygı duymak	Respekt haben [respekt ha:bın]
sayı	Zahl e [tsa:l]
sayın	geehrt [gıe:rt]
sazan	Karpfen r [karpfın]
sebep	Grund r [grunt]
sebze	Gemüse s [gımü:zı]
seçenek	Alternative e [altırnati:vı]
seçmek	(aus)wählen [ausve:lın]
sehpa	Ständer r [ştendır]
sekreter	Sekretär(in e) r [zekrete:rin]
selam	Gruß r [grus]
selamlamak	(be)grüßen [bıgrü:sın]
selamlaşmak	sich begrüßen [zih bıgrü:sın]
selfservis	Selbstbedienung e [zelpstbıdi:nung]
semaver	Samowar r [zamova:r]
semizotu	Gartenportulak r [ga:rtınportula:k]
sempatik	sympathisch [zümpa:tiş]
sen	du [du:]

sene	Jahr s [ya:r]
senelerce	jahrelang [ya:rılang]
sepet	Korb r [korp]
seramik	Keramik e [kera:mik]
sert	hart [hart], stark [ştark]
servis	Dienst r [di:nst]; Bedienung e [bıdi:nung]
servis yapmak	bedienen [bıdi:nın]
ses	Stimme e [ştimı]
seve seve	gern [gern]
sevgi	Liebe e [li:bı]
sevimli	liebenswert [li:bınsvert]
sevimsiz	unsympathisch [unzümpa:tiş]
sevinmek	sich freuen [zih froyın]
sevmek	lieben [li:bın]
seyahat	Reise e [rayzı]
seyahat acentası	Reisebüro s [rayzıbü:ro]
seyyar	wandernd [vandırnt]
sezon	Saison e [sezon]
sıcak	warm [varm], heiß [hays]
sıfır	null [nul]
sığır	Rind s [rint]
sığır eti	Rindfleisch s [rintflayş]
sıhhat	Gesundheit e [gızunthayt]
sıhhatinize!	auf Ihr Wohl! [auf i:r vo:l]
sıhhi	hygienisch [hügye:niş]
sık sık	oft [oft]
sıkılmak	sich langweilen [zih langvaylın]
sıra	Reihe e [rayı]; Bank e [bank]
sıradan	gewöhnlich [gıvö:nlih]
sırtüstü	auf dem Rücken liegend [auf de:m rükın li:gınt]

sıvı	flüssig [flüsih]
sifon	U-Rohr r [u:ro:r]
sigara	Zigarette e [tsigaretı]
sigara içilmez!	Rauchen verboten! [rauhın fe:rbo:tın]
silmek	wischen [vişın]
simit	Sesamkringel e [zesamkringıl]
sinek	Fliege e [fli:gı]
sinema	Kino s [ki:no]
sinirlenmek	nervös werden [nervö:z ve:rdın]
sipariş	Bestellung e [bıştelung]
sipariş vermek	bestellen [bıştelın]
sirke	Essig r [esih]
sivribiber	(scharfer- grüner) Paprika [paprika]
sivrisinek	Moskito r [moskito]
siz	ihr [i:r]; Sie [zi:]
smokin	Smoking r [smokin]
soda	Mineralwasser s [minera:lvasır]
soğan	Zwiebel e [tsvi:bıl]
soğuk	kalt [kalt]
sohbet	Unterhaltung e [untırhaltung]
solda	links [links]
son	Ende s [endı]
sonra	dann [dan]
sonsuz	endlos [entlo:z]
sonuç	Ergebnis s [erge:pnis]
sormak	fragen [fra:gın]
soru	Frage e [fra:gı]
sos	Soße e [zo:sı]
sosis	Wurst e [vurst]
sote	gedünstet [gıdünstıt]
soya	Sojabohne e [zoyabo:nı]

soyadı	Familienname r [fami:liınna:mı]
soyunmak	sich ausziehen [zih austsi:ın]
sörf	Windsurfen s [vintzurfın]
söylemek	sagen [za:gın]
sözlük	Wörterbuch s [vörtırbuh]
spor yapmak	Sport treiben [şport traybın]
sprey	Spray s [spray]
su	Wasser s [vasır]
sucuk	Wurst e [vurst]
sulandırmak	verdünnen [fe:rdünın]
sulu	wässerig [veserih]
sunmak	reichen [rayhın]
susam	Sesam r [zesa:m]
susamak	Durst bekommen [durst bıkomın]
süet	Wildleder s [viltle:dır]
süpürmek	fegen [fe:gın]
sürahi	Karaffe e [karafı]
sürekli	andauernd [andauırnt]
sürpriz	Überraschung e [ü:bırraşung]
sürücü	Fahrer r [fa:rır]
süs	Schmuck r [şmuk]
süt	Milch e [milh]
sütlaç	Milchreis r [milhrayz], Reispudding e [rayzpuding]
sütlü kahve	Milchkaffe r [milhkafe]
sütsüz	ohne Milch [o:nı milh]
süveter	Pullover r [polo:vır]
süzgeç	Filter r [filtır]

Ş

şahane	wunderbar [vundırba:r]

şahsen	persönlich [perzö:nlih]
şahsi	persönlich [perzö:nlih]
şal	Schal r [şa:l]
şalgam	weiße Rübe [vaysı rü:bı]
şamdan	Kerzenleuchter r [kertsınloyhtır]
şamfıstığı	Pistazie e [pistatsi:]
şampanya	Champagner r [şampanya]
şampuan	Schampoo s [şampo:]
şapka	Hut r [hu:t]
şarap	Wein r [vayn]
şarküteri	Delikatessengeschäft s [delika:tesıngışeft]
şayet	wenn [ven]
şef	Chef r [şef]
şef garson	Oberkellner r [o:bırkelnır]
şeftali	Pfirsich r [pfirzih]
şeker	Zucker r [tsukır]
şekerli	süß [zü:s]
şelale	Wasserfall r [vasırfal]
şemsiye	Schirm r [şirm]
şerbet	Scherbett s [şerbet]
şerefe!	prost! [prost]
şezlong	Liegestuhl r [li:gıştu:l]
şiddetli	stark [ştark]
şikâyet	Beschwerde e [bışve:rdı]
şilin	Schilling r [şilin]
şimdi	jetzt [yetst]
şimdilik	für jetzt [fü:r yetst]
şiş kebap	Fleischstücke am Spieß [flayşştükı am şpi:s]
şişe	Flasche e [flaşı]

şofben	Warmwasserbereiter r [varmvasırbıraytır]
şömine	Kamin r [kamin]
şöyle	so [zo:]
şurada	dort [dort], da [da]
şurası	hier [hi:r]
şuraya	dorthin [dorthin]
şüphesiz	natürlich [natü:rlih]

T

taahhütlü	eingeschrieben [ayngışri:bın]
tabak	Teller r [telır]
tabiat	Natur e [natu:r]
tabii	natürlich [natü:rlih]
tabla	Aschenbecher r [aşınbehır]
tabure	Hocker r [hokır]
tahminen	rund [runt]
tahtakurusu	Wanze e [vantsı]
takdir etmek	schätzen [şetsın]
takı	Schmuckstück s [şmukştük]
taksi	Taxi s [taksi]
taksit	Rate e [ra:tı]
takvim	Kalender r [kalendır]
talihli	glücklich [glüklih]
talimat	Anordnung e [anortnung]
tamam	fertig [fe:rtih]
tamirci	Reparateur r [reparatu:r]
tane	Stück s [ştük]
tanınmış	bekannt [bıkant]
tanışmak	kennenlernen [kenınlernın]

taraça	Terasse e [terası]
taraf	Seite e [zaytı]
tarak	Kamm r [kam]
tarçın	Zimt r [tsimt]
tarife	Tarif r [tari:f]
tarih	Datum s [da:tu:m]
tarihi	historisch [histo:riş]
tartışmak	diskutieren [diskuti:rın]
tas	Schale e [şa:lı]
taş	Stein r [ştayn]
taşımak	tragen [tra:gın]
taşıt	Fahrzeug s [fa:rtsoyk]
tat	Geschmack r [gışmak]
tatil	Ferien e [fe:riın]
tatlandırmak	würzen [vürtsın]
tatlı	süß [zü:s]
tatmak	schmecken [şmekın]
tatsız	geschmacklos [gışmaklo:z]
tava	Bratpfanne e [bra:tpfanı]
tavan	Decke e [dekı]
tavla	Tricktrack s [triktrak]
tavşan	Hase r [ha:zı]
tavuk	Huhn s [hu:n]
tavuk suyu	Hühnerbrühe e [hü:nırbrü:ı]
tayyör	Kostüm s [kostü:m]
taze	frisch [friş]
taze fasulye	grüne Bohnen [grü:nı bo:nın]
tazelik	Frische e [frişı]
tecrübe	Erfahrung e [e:rfa:rung]
tecrübeli	erfahren [e:rfa:rın]
tecrübesiz	unerfahren [une:rfa:rın]
tehlike	Gefahr e [gıfa:r]

tehlikeli	gefährlich [gıfe:rlih]
tehlikesiz	ungefährlich [ungıfe:rlih]
tek başına	ganz allein [gants alayn]
tekrar	Wiederholung e [vi:dırho:lung]
tekrarlamak	wiederholen [vi:dırho:lın]
tekstil	Textilien e [tekstilin]
telaffuz	Aussprache e [ausşprahı]
telefon	Telefon s [telefo:n]
telefon etmek	telefonieren [telefoni:rın]
televizyon	Fernsehen s [fernze:ın]
telgraf	Telegramm s [telegram]
temin etmek	versichern [fe:rzihırn]
temiz	sauber [zaubır]
temizlemek	reinigen [raynigın]
temizlik	Sauberkeit e [zaubırkayt]
tencere	Kochtopf r [kohtopf]
tenis	Tennis s [tenis]
tepsi	Tablett s [tablet]
teras	Terrasse e [terasɪ]
terazi	Waage e [va:gı]
tercih etmek	vorziehen [fo:rtsi:ın]
tercüme	Übersetzung e [ü:bırzetsung]
tere	Kresse e [kresı]
tereyağı	Butter e [butır]
terk etmek	verlassen [fe:rlasın]
terlik	Pantoffel r [pantofıl]
terminal	Terminal s [termina:l]
termos	Thermosflasche e [termo:sflaşı]
ters	entgegengesetzt [entge:gıngızets]
tertemiz	blitzsauber [blitzsaubır]
terzi	Schneider(in e) r [şnaydır]
teşekkür	Dank r [dank]

teşekkür ederim!	danke (schön)! [dankı]
teşekkür etmek	danken [dankın]
tezgâhtar	Verkäufer(in e) r [fe:rkoyfır]
tıbbi	ärztlich [e:rtslih]
tıkamak	zustöpfeln [tsuştöpfıln]
tıpkı	genau so [gınau zo:]
tıraş	Rasur e [razu:r]
tıraş fırçası	Rasierpinsel r [razi:rpintsıl]
tıraş kremi	Rasierkrem e [razi:rkre:m]
tıraş makinesi	Rasierapparat r [razi:rapara:t]
tıraş olmak	sich rasieren [zih razi:rın]
tıraş sabunu	Rasierseife e [razi:rzayfı]
tırnak	Fingernagel r [fingırna:gıl]
ticaret	Handel r [handıl]
tirbuşon	Korkenzieher r [korkıntsi:ır]
tişört	T-shirt s [ti:şort]
titremek	zittern [tsitırn]
tonbalığı	Thunfisch r [tu:nfiş]
tonik	Tonikum s [toniku:m]
toplamak	sammeln [zamıln]
topluiğne	Stecknadel e [ştekna:dıl]
toptan	alle zusammen [alı tsuzamın]
toptancı	Großhändler r [gro:shendlır]
torik	Bonito r [bonito]
tost	Toast r [toust]
toz	Staub r [ştaup]
tozşeker	Kristallzucker r [kristaltsukır]
trafik	Verkehr r [ferke:r]
tramvay	Straßenbahn e [ştra:sınba:n]
tren	Zug r [tsu:k]
trençkot	Trenchcoat r [trençkot]

trikotaj	Woll- und Strickwaren [vol unt ştrikva:rın]
trilyon	Trillion e [trilyo:n]
tuhaf	sonderbar [zondırba:r]
turist	Tourist(in e) r [tourist]
turistik	touristisch [touristiş]
turizm	Tourismus r [tourizmus]
turizm bürosu	Verkehrsbüro s [ferke:rsbü:ro]
turp	Rettich r [retih]
turşu	Essiggemüse s [esihgımü:zı]
turunç	Pomeranze e [pomırantsı]
tutmak	anfassen [anfasın]
tuvalet	Toilette e [tualetı]
tuvalet kâğıdı	Toilettenpapier s [tualetınpapi:r]
tuz	Salz s [zalts]
tuzlamak	(ein)salzen [zaltsın]
tuzlu	salzig [zaltsih]
tuzluk	Salzstreuer r [zaltsştroyır]
tuzsuz	ohne Salz [o:nı zalts]
tükenmezkalem	Kugelschreiber r [ku:gılşraybır]
tüm	ganz [gants]
tünaydın	guten Tag! [gu:tın ta:k]

U

ucuz	billig [bilih]
ucuzluk	Billigkeit e [bilihkayt]
uçak	Flugzeug s [flukzoyk]
ufacık	winzig [vintsih]
ufalamak	zerkleinern [tserklaynırn]
uluslararası	international [intırnatsyona:l]

umumi	allgemein [algımayn]
umut	Hoffnung e [hofnung]
un	Mehl s [me:l]
unlu	mehlig [me:lih]
unutmak	vergessen [fergesın]
uskumru	Makrele e [makre:lı]
ustabaşı	Werkmeister r [verkmaystır]
uşak	Diener r [di:nır]
uyanmak	erwachen [ervahın]
uyarmak	warnen [varnın]
uygar	zivilisiert [tsivilizi:rt]
uygulamak	anwenden [anvendın]
uygun	passend [pasınt]
uyku	Schlaf r [şla:f]
uyku ilacı	Schlafmittel s [şla:fmitıl]
uyku tulumu	Schlafsack r [şla:fzak]
uykulu	schläfrig [şle:frih]
uykusuz	schlaflos [şla:flo:z]
uysal	sanftmütig [zanftmü:tih]
uyuklamak	einnicken [aynnikın]
uyumak	schlafen [şla:fın]
uzak	weit [vayt], fern [fern]
uzakta	in der Ferne [in de:r fernı]
uzun	lang [lang]
uzunluk	Länge e [lengı]

Ü

ücret	(Arbeits)lohn r [lo:n]
üflemek	blasen [bla:zın]
ümit	Hoffnung e [hofnung]

ümitli	hoffnungsvoll [hofnungsfol]
ümitsiz	hoffnungslos [hofnungslo:z]
üretim	Herstellung e [herştelung]
üst	Oberseite e [o:bırzaytı]
üstünde	auf [auf]; über [ü:bır]
üşümek	frieren [fri:rın]
ütü	Bügeleisen s [bü:gılayzın]
ütülemek	bügeln [bü:gıln]
üzgün	traurig [traurih]
üzücü	bedauerlich [bıdauerlih]
üzüm	(Wein)traube e [traubı]

V

vagon	Eisenbahnwagen r [ayzınba:nva:gın]
vakit	Zeit e [tsayt]
vaktinde	rechtzeitig [rehtsaytih]
vaktiyle	einst [aynst]
valiz	Koffer r [kofır]
vanilya	Vanille e [vanilyı]
vapur	Schiff s [şif]
var	es gibt [es gipt]
varmak	ankommen [ankomın]
vazgeçmek	aufgeben [aufge:bın]
vazife	Pflicht e [pfliht]
vazo	Vase e [va:zı]
ve	und [unt]
veda etmek	Abschied nehmen von.. [apşi:t ne:mın fon]
veresiye	auf Kredit [auf kredi:t]

vergi	Steuer e [ştoyır]
vermek	geben [ge:bın]
vermut	Wermut r [vermu:t]
vestiyer	Ablage e [apla:gı]
veya	oder [o:dır]
vişne	Sauerkirsche e [zauırkirşı]
vitamin	Vitamin s [vitamin]
vitrin	Schaufenster s [şaufenstır]
volt	Volt s [volt]
votka	Wodka r [vo:tka]
vurmak	schlagen [şla:gın]

Y

yabancı	fremd [fremt]
yabanördeği	Wildente e [viltentı]
yağ	Öl s [ö:l]
yağlı	ölig [ö:lih]
yağmur	Regen r [re:gın]
yağmur yağmak	regnen [re:gnın]
yağmurlu	regnerisch [re:gneriş]
yağmurluk	Regenmantel r [re:gınmantıl]
yağsız	fettlos [fetlo:z]
yahni	Ragout s [ragu:]
yahut	oder [o:dır]
yakalamak	fangen [fangın]
yakın	nah(e) [na:]
yakında	bald [balt], in der Nähe [in de:r ne:ı]
yaklaşık	ungefähr [ungıfe:r]
yakmak	verbrennen [ferbrenın]
yakut	Rubin r [rubi:n]

yalan	Lüge e [lü:gı]
yalnız	allein [alayn]
yan yana	nebeneinander [ne:bınaynandır]
yangın	Brand r {brant], Feuer s [foyır]
yangın merdiveni	Feuerleiter e [foyırlaytır]
yangın söndürme cihazı	Feuerlöscher r [foyırlöşır]
yanılmak	irren [irın]
yanına	neben [ne:bın]
yanında	dabei [dabay]
yanıtlamak	antworten [antvortın]
yani	nämlich [ne:mlih]
yanlış	falsch [falş]
yanmak	brennen [brenın]
yapıştırmak	kleben [kle:bın]
yapmak	machen [mahın]
yaprak	Blatt s [blat]
yararlı	nützlich [nütslih]
yararsız	nutzlos [nutslo:z]
yardım	Hilfe e [hilfı]
yardımsever	hilfsbereit [hilfsbırayt]
yarı	halb [halp]
yarım pansiyon	Halbpension e [halppanzyo:n]
yarın	morgen [mo:rgın]
yarınki	morgig [mo:rgih]
yarmak	spalten [şpaltın]
yasak	Verbot s [ferbo:t]
yasaklamak	verbieten [ferbi:tın]
yastık	Kissen s [kisın]
yaşamak	leben [le:bın]
yatak	Bett s [bet]
yavan	geschmacklos [gışmaklo:z]
yavaş	langsam [langza:m]

yavaş yavaş	ganz langsam [gants langza:m]
yavaşça	recht langsam [reht langza:m]
yayık	Butterfaß s [butırfas]
yaz	Sommer r [zomır]
yazık	schade! [şa:dı]
yazmak	schreiben [şraybın]
yelek	Weste e [vestı]
yelken	Segel s [ze:gıl]
yelkenli	Segelboot s [ze:gılbo:t]
yelpaze	Fächer r [fehır]
yemek	Essen s [esın]
yemek listesi	Speisekarte e [şpayzıka:rtı]
yemek masası	Eßtisch r [estiş]
yemek salonu	Speisesaal r [şpayzıza:l]
yemek vakti	Essenszeit e [esıntsayt]
yemek yemek	essen [esın]
yemekli	mit Essen [mit esın]
yemekhane	Speisesaal r [şpayzıza:l]
yemiş	Frucht e [fruht]
yengeç	Krebs r [kreps]
yeni	neu [noy]
yeniden	aufs neue [aufs noyı]
yepyeni	ganz neu [gants noy]
yerine	anstatt [anştat]
yerfıstığı	Erdnuß e [ertnus]
yeter	genug [gınu:k]
yetersiz	unbegabt [unbıga:pt]
yıkamak	waschen [vaşın]
yıkanmak	sich waschen [zih vaşın]
yıl	Jahr s [ya:r]
yılanbalığı	Aal r [a:l]
yılbaşı	Neujahr s [noyya:r]

yinelemek	wiederholen [vi:dırho:lın]
yiyecek	etwas eßbares [etvas esba:rıs]
yoğun	dicht [diht]
yoğurt	Joghurt r [yogurt]
yok	abwesend [apve:zınt]
yollamak	senden [zendın]
yorgan	Bettdecke e [betdekı]
yorgun	müde [mü:dı]
yorulmak	ermüden [e:rmü:dın]
yosun	Moos s [mo:z]
yudum	Schluck r [şluk]
yufka	Blätterteig r [bletırtayk]
yukarı	nach oben [nah o:bın]
yukarıda	oben [o:bın]
yukarıdan	von oben [fon o:bın]
yumurta	Ei s [ay]
yumuşak	weich [vayh]
yunusbalığı	Delphin r [delfi:n]
yurt	Heimat e [hayma:t]
yurtdışı	Ausland s [auslant]
yutmak	(hinunter)schlucken [şlukın]
yuvarlak	rund [runt]
yüksek	hoch [hoh]
yün	Wolle e [volı]
yünlü	wollen [volın]
yürümek	gehen [ge:ın]
yürüyüş	Gang r [gang]
yüzde	Prozent s [protzent]
yüzme	Schwimmen s [şvimın]
yüzme havuzu	Schwimmbad s [şvimba:t]
yüzmek	schwimmen [şvimın]
yüzük	Ring r [ring]

Z

zahmet	Mühe e [mü:ı]
zam	Zulage e [tsula:gı]
zam yapmak	erhöhen [erhö:ın]
zaman	Zeit r [tsayt]
zamanında	rechtzeitig [rehtsaytih]
zamanla	mit der Zeit [mit de:r tsayt]
zannetmek	glauben [glaubın]
zarar	Schaden r [şa:dın]
zararı yok	das macht nichts [das maht nihts]
zararlı	schädlich [şe:tlih]
zararsız	unschädlich [unşe:tlih]
zarf	Umschlag r [umşla:k]
zar zor	mit Mühe und Not [mit mü:ı unt no:t]
zaten	sowieso [zovizo:]
zehir	Gift s [gift]
zencefil	Ingwer r [ingve:r]
zengin	reich [rayh]
zerzevat	Gemüse s [gımü:zı]
zevk	Genuß r [gınus]
zevkli	vergnüglich [fergnüglih]
zeytin	Olive e [oli:vı]
zeytinyağı	Olivenöl s [oli:vınö:l]
zil	Klingel e [klingıl]
zira	denn [den], weil [vayl]
ziyafet	Festessen s [festesın]
ziyaret	Besuch r [bızu:h]
zor	schwer [şve:r]
zümrüt	Smaragd r [smarakt]